重返乡土

《新青海》月刊
社会调查集

姚 鹏——编校

兰州大学出版社
LANZHOU UNIVERSITY PRESS

图书在版编目（CIP）数据

重返乡土：《新青海》月刊社会调查集 / 姚鹏编校.

兰州 ： 兰州大学出版社，2024.8. -- ISBN 978-7-311

-06694-9

Ⅰ．K294.4

中国国家版本馆 CIP 数据核字第 2024979JB0 号

责任编辑　王曦莹
封面设计　雷们起

书　　名	重返乡土:《新青海》月刊社会调查集
作　　者	姚 鹏 编 校
出版发行	兰州大学出版社　（地址:兰州市天水南路222号　730000）
电　　话	0931-8912613(总编办公室)　0931-8617156(营销中心)
网　　址	http://press.lzu.edu.cn
电子信箱	press@lzu.edu.cn
印　　刷	兰州人民印刷厂
开　　本	710 mm×1020 mm　1/16
印　　张	18(插页2)
字　　数	280千
版　　次	2024年8月第1版
印　　次	2024年8月第1次印刷
书　　号	ISBN 978-7-311-06694-9
定　　价	70.00元

编校说明

　　《重返乡土：〈新青海〉月刊社会调查集》，主要选取《新青海》月刊中的社会调查资料辑录而成。

　　《新青海》月刊是一部在1932年，由青海籍诸学生在南京发起创办的爱国期刊。新青海社成立后，即编辑、出版和发行《新青海》月刊，直至1937年停刊。其宗旨是：探讨研究青海省实况，宣传介绍青海的政治、经济、文化、社会等基本情况，以引起国内爱国志士关注西北边疆尤其是青海，宣传介绍内地新文化、新思想和新潮流，在文化思想上改造青海，激励青人努力建设青海新省。《新青海》月刊不仅在一定程度上对青海近代化的历史进程具有重要的推动作用，还是研究近代地方史十分重要的资料。

　　当时《新青海》月刊的编辑多为在读学生兼任，并且作者群体各异，故收录的文献内容存在较大差异。应该承认，民国年间知识分子的思想和言论生发于特定的时代背景之下，对此，我们应当把他们放到历史时空中去认识，用唯物史观去判别。现将本书的搜集、整理、校勘和编辑加工情况说明如下：

　　第一，根据当时对青海全省的社会调查，整体按主题编排，将相关篇目分类为面积与人口、县治、经济、文化教育、社会风俗、医疗卫生等，主题内按发表时间先后为顺序。总体遵循"存原复真"的原则，选取最优之底本。为符合现代的阅读习惯，将选文重新排版，由繁体竖排变为简体横排，以便读者阅读。

第二，因时代局限，个别章节篇目，有所删除。个别地方，或做注释，或略做删节。

第三，编者所加注释统一为脚注，原文按语、注释全部置于正文。当时期刊编辑、校对、印刷错误较多，尤其体现在印刷过程中的错误，如若对正文内容校对，则注释太多，便选择在原文中直接校勘，不会影响原文本意。

第四，原文无误但与现代汉语使用规范存在差异的，尽量保存其原貌，并不加以修改。例如没有修改的几组字为："的""地""得"、"唯""惟"、"做""作"、"哪""那"、"坐""座"等。没有修改的词有："甚么""莫有""一齐""辽远""亢旱""战抖""智识""食粮""情事"等。

第五，人名、地名、族名、山川河流名称等，难度最大，问题较多，判断不准，基本保持原貌，未做统一处理。同一篇文章中前后应用不同的名称，统一改为较常用的名称。与现今通用名称差别较大者，则径直改为现行通用写法。

第六，表述语序有明显的方言口语，部分语序颠倒，有些表述为文言文，与现今表述不一致，仍用旧文。

第七，原文数字用法有多套表述方式，如"户数七一一九户，男一八四八六人，女一四〇〇〇人"，为了方便读者阅读，全部改为"户数七千一百一十九户，男一万八千四百八十六人，女一万四千人"。校勘后全文，表格中用于统计的内容使用阿拉伯数字表述，正文中用于叙述的内容使用中文小写数字表述。另外，原文表格和正文中的统计数字错误较多，有些做了脚注，有些没有做注释。

第八，原文中使用多种序号体例，层级顺序较为混乱，使用较多的还有"甲乙丙丁戊己庚辛壬癸"等序号。按照今天文章的结构层次序数，统一为"一、""（一）""1.""（1）"。

第九，原文标点符号也一一照录，有明显错误的直接改正。

第十，面积、长度、度量衡等单位，如：方里、石（宁石、乐石）、斗（仓斗）、升（宁升、乐升、仓升）、合、勺、抄等，一仍其旧。

第十一，纪年单位，原文为"十八年"，根据语境应为"民国十八年"，如有相同情况，前面全部加"民国"二字，其他纪年单位正文中没有修改。

前　言

　　古代中国及西方，长期存在着社会调查的事实。西方社会进入近代阶段，传统社会调查演变为现代社会调查。晚清及民国时期，现代社会调查在中国开始兴起和发展。

　　关于现代中国社会调查研究，有全面整体性的社会调查，有对政府机构、社会团体、学术组织等的调查，有对重要人物的个案调查等。主要涉及人口、政治、经济、社会生活、民族、习惯、文化教育、医疗卫生等方面的调查研究，区域社会调查基本涉及以上各个方面。由于交通不便、资料分散等各种因素的影响，近代青海社会调查研究非常薄弱，全面整体性调查研究的著作及文章较少。本书以《新青海》月刊为主，搜集整理及编校社会调查部分，以期引起研究近代青海社会学者的注意和思考。

　　《新青海》月刊社会调查专栏，以青海省各县域的本土实地调查为主，并且调查人员以青海籍在南京学习的学生为主，他们也是新青海社的研究人员，亦是《新青海》月刊的主要作者群体。新青海社的社员自1932年10月以来，伴随着到南京的新生入学和大学毕业，社员也有加入和离去的，但基本保持每年每次全体会议有一百多人参加。新青海社第一次社员大会，社址位于南京晓庄蒙藏学校，将新青海社社员分为干事会、总务股（文书、交际、会计、庶务）、编辑股（编辑、印刷、校对、发行）、研究股（农业组、教育组、地方自治组、边事组、社会组）几部分，其中研究股根据所学专业进行分组。1934年4月13日，新青海社兰州分社在甘肃学院召开社员大会，出席者新旧社员六十余人。由此可以粗略统计，新青海社的社员基本每年保持在二百人左右。1935年7月，召开第七次社员大会之后，同年12月，宋积琏在《本社半年来之研究工作报告》中，对新青海社研究部的组织有详细论述，研究部从之前的研究股进一步调整，包括教育、实业、地方自治、农业、文艺五组。由于新青海南京总社的成员大都处于求学时期，各方面工作存在诸多困难，为便利起见，将新青海社的社员依所研究学科的性质分为六组，每组的研究范围都有一个重心。第一组研究范围重于教育，以青海教育、普通教育、其他教育等问题为主；第二、三组以西北边疆问题、青年问题、文学方面、时事问题等为研究范围；第四组以研究畜牧为主，研究的范围重于农事方面；第五组研究范围重于卫生方面；第六组研究范围以青海建设为主，包括青海建设中的政治、教育、经济等问题。可以看出，《新青海》月刊社会调查专栏基本上是南京求学的青海籍学生在假期或实习期间，返回青海后所做的调查研究，这也是将本书名冠以"重返乡土"的主要缘由。

杨文炯老师在《边疆人的边疆话语——〈《新青海》校勘影印全本〉的"边疆学"价值》一文中，重点论述《新青海》历史文本的学术价值，《新青海》月刊的文章以社会、经济、政治、教育、民族、宗教等方面为主，从"田野"空间（省级地方）、可持续的调查时间（前后历时6年），及其社会调查内容的全面性、复杂性、完整性、所获资料的翔实性以及本土研究的专注度、精神的投入性等方面进行总结，进而认为《新青海》月刊是20世纪30年代一部本土学人集体创作的"青海民族志"。

本书在资料整理的基础上，按照《新青海》月刊社会调查内容，以面积与人口、县治概况、经济调查、文化教育、社会风俗、医疗卫生等方面分为六编。可以详细了解民国时期青海及县域的社会地理、人口、民情、经济、文化、教育、自然灾害、民族宗教、医疗卫生等。经济方面，在20世纪初西部大开发的基础上，抗战时期进一步提出开发西北、开发青海，以农业、畜牧及民生为主，调查田产、人民负担、水利灌溉、赋税、交通等。教育方面，涉及小学教育、中学教育、职业教育、民众教育等，重点关注乡村、牧区、女性、民族教育，对我们了解青海教育历史及现代教育具有启发意义。社会风俗调查研究方面，是在各民族"共臻共存共荣""一律平等""共铸国魂"等的基础上进行的调查，对于今天铸牢中华民族共同体意识有着重要的历史借鉴意义。医疗卫生方面，对青海卫生实验处、青海疾病蔓延情况、西宁市医院药房、青海省各地的兽疫等进行调查，虽然医疗卫生和东部地区相比有较大差距，但主要体现了近代医学在青海的实践。由此可知，《新青海》月刊社会调查研究全方位呈现了民国青海社会的面貌，可以说是一部鲜活的近代青海指南。

近年来，清末民国时期的社会调查已经成为一种学术热潮，大型的社会调查资料陆续出版。影响较大的有李文海主编的《民国时期社会调查从编》《民国时期社会调查从编（二编）》《民国时期社会调查从编（三编）》，国家图书馆选编的《民国时期社会调查资料汇编》《民国时期社会调查资料续编》《民国时期社会调查资料三编》等，张研、孙燕京主编的《民国史料丛刊》《民国史料丛刊续编》，郑成林选编的《民国经济调查资料汇编》《民国经济调查资料续编》《民国经济调查资料三编》《民国时期国情统计资料汇编》《民国时期社会统计资料汇编》，中国社会科学院近代史研究所编的《抗日战争史料从编》，徐勇等编译的《满铁调查》《满铁农村调查》等。与区域社会相关的史料汇编有田奇选编的《民国时期地方概况资料汇编》《民国时期地方概况资料续编》，吴贵飙主编的《民国时期西康资料汇编》，李习文、刘天明主编的《民国时期宁夏文献集成》，张羽新、张双志编的《民国藏事史料汇编》，云南文史馆编的《云南丛书续编》，还有山东省图书馆编的《山东省政府公报》及一批民国时期各地的政府公报，都为进一步研究清末民国时期的社会调查做出了重大贡献。

鉴于此，在青海区域社会，以《新青海》月刊社会调查专栏为基础，我们编校这本民国时期青海社会调查资料，以期肯定民国时期青海知识分子在社会调查中做出的贡献。希望更多学者深入参与到青海地方社会调查研究的队伍当中，借鉴历史，为建设现代化新青海发挥积极作用。

姚　鹏

2023年4月12日

目 录

面积与人口

县治概况

经济调查

文化教育

社会风俗

医疗卫生

后 记

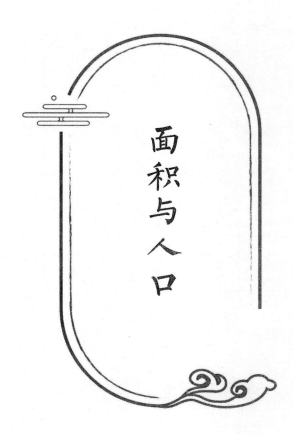

面积与人口

青海全省面积及田地调查

全省十五总辖境，面积共为二百零一万一千零五十方里，田地共为一百七十八万七千四百三十九亩。

青海电讯社讯：青海各县辖地及田亩面积，兹将最近调查，列志于下：

西宁：辖境面积一万六千方里，田地四十一万八千六百亩。

互助：辖境面积一万三千方里，田地二十五万一千零四十亩。

大通：辖境面积二万三千二百方里，田地三十二万五千六百一十二亩。

门源：辖境面积二万四千七百五十方里，田地八千七百三十二亩。

循化：辖境面积一万六千八百方里，田地九千亩。

贵德：辖境面积三万七千八百方里，田地二万六千七百五十亩。

化隆：辖境面积一万二千六百方里，田地二万六千八百九十三亩。

乐都：辖境面积一万三千五百方里，田地三十二万二千七百五十六亩。

民和：辖境面积一万二千方里，田地三十五万五千六百九十九亩。

同仁：辖境面积七万一千四百方里，田地一千八百亩。

都兰：辖境面积六十七万五千方里，田地一千五百亩。

湟源：辖境面积一万一千万方里，田地一十一万四千四百三十三亩。

玉树：（囊谦包括在内）辖境面积一百零六万方里，田地三千五百亩。

共和：辖境面积二万四千方里，田地四万五千六百亩。

计全省共十五县，辖境面积为二百零一万一千零五十方里，田地为一百七十八万七千四百三十九亩。

《新青海》第二卷第四期，1934年4月，第79-80页。

青海各县面积调查表

青海民政厅于最近将全省面积人口调查甚详，兹将统计数字分别录之于次：

各县面积调查表

县别	境（方里）	田地（亩）
西宁	16000	418600
互助	13000	251040
大通	23200	325612
乐都	13500	312756
民和	12000	355699
湟源	11000	114433
贵德	37800	26750
化隆	12600	26850
循化	16800	9000
共和	24000	45006
门源	24750	8732
同仁	71400	1800
都兰	675000	1500
玉树	1060000	2500
共计①	2010850	1890822

《新青海》第三卷第十期，1935年10月，第39页。

---

①青海全省面积实合计为：2011050方里；田地合计为：1900272亩。

青海各县户口之调查

共计二十万五千七百一十一户，男女一百零一万三千五百八十四人。青海各县户口数目，兹据最近调查所得，列志予下：

西宁县：二万五千八百七十二户，男九万一千一百五十四丁，女七万二千四百四十五口，共十六万三千五百九十九人。

互助县：一万三千九百五十七户，男五万一千一百九十七丁，女四万三千五百零四口，共九万四千六百零一人。

大通县：一万二千七百五十六户，男四万四千零三十九丁，女三万四千九百六十九口，共七万九千零八人。

乐都县：九千六百八十一户，男三万五千六百六十四丁，女三万零五百一十七口，共六万六千一百八十一人。

民和县：一万零三百九十三户，男二万八千四百六十一丁，女二万四千零八十四口，共五万二千五百四十五人。

湟源县：四千三百七十六户，男一万二千六百一十一丁，女一万一千一百零四口，共三万三千七百一十五①人。

贵德县：四千五百一十户，男九千零三十三丁，女八千五百八十八口，共一万七千六百二十一人。

化隆县：四千五百四十八户，男九千四百零九丁，女八千四百三十八口，共一万七千八百四十七人。

循化县：五千七百七十七户，男一万三千一百三十五丁，女一万一千五百九

---

① 湟源县男女统计实为二万三千七百一十五人。

十九口，共二万四千七百三十四人。

共和县：一千零二十五户，男二千一百八十一丁，女一千九百二十九口，共四千一百一十人。

门源县：一千八百一十六户，男五千五百五十二丁，女四千七百二十五口，共一万零九百七十七①人。

同仁县：一万三千五百户，男女未详，共计五万四千人。

都兰县：三万五千八百户，男女未详，共计十四万三千二百人。

玉树县：一万一千七百户，男女未详，共计四万六千八百人。

果洛族：五万户，男女未详，共计二十万人。

各县寺庙：男女共四千五百四十六人。

以上共计全省二十万五千七百一十一户，男女一百零一万三千五百八十四②人。

《新青海》第一卷第八期，1933年8月，第73-74页。

---

① 门源县男女统计实为一万零二百七十七人。
② 青海省男女统计实为九十九万八千二百三十八人。

青海省垣户口调查

户数七千一百九十九户，男一万八千四百八十六人，女一万四千人。

青海电讯社：兹将青海省会户口调查，分述如下：

中山东街——男一千四百二十人，女二百六十人。

莫家街——男八百八十一人，女七百七十一人。

公安街——男四百六十人，女三百五十人。

共和街——男六百一十人，女五百四十八人。

石坡街——男七百二十五人，女四百三十七人。

先觉街——男八百五十八人，女八百一十七人。

民族街——男一千一百九十一人，女八百九十八人。

民权街——男一千一百六十一人，女九百九十一人。

民生街——男六百五十四人，女四百九十七人。

中山西街——男八百三十九人，女五百零六人。

北大街——男九百五十一人，女七百二十二人。

南大街——男四百九十二人，女三百三十八人。

民治街——男三百五十五人，女三百三十一人。

民享街——男三百一十二人，女二百零八人。

民有街——男一百一十二人，女一百八十人。

县门街——男五百一十三人，女四百九十一人。

法院街——男六百六十一人，女五百四十一人。

教场街——男二百六十一人，女二百五十三人。

西门外——男一百九十三人，女一百六十五人。

北门外——男一百四十二人，女九十七人。

南门外——男一百二十三人，女一百人。

同仁东街——男九百一十一人，女七百六十七人。

同仁西街——男一千三百二十九人，女六百二十八人。

北关街——男一千零九十三人，女一千一百零五人。

北小街——男八百四十人，女七百三十三人。

南小街——男一百零四人，女六十一人。

东稍门外——男三百五十五人，女三百九十七人。

南稍门外——男四百六十一人，女四百二十一人。

北稍门外——男四百八十四人，女四百三十九人。

共计户数七千一百九十九户，男一万八千四百八十六人，女一万四千人。

《新青海》第二卷第九期，1934年9月，第55—56页。

青海全省户口调查

青海各县户口调查表

县别	户数（户）	人数（口）	男性（口）	女性（口）
西宁	23872	163599	91154	72445
互助	13975	94701	51197	43504
大通	12756	79008	41039	34969
乐都	9681	66181	35664	30517
民和	10393	52549	28461	24084
湟源	4376	23715	12611	11104
贵德	4510	17621	9033	8588
化隆	4548	17847	9409	8438
循化	5777	24734	13135	11599
共和	4270	16590	—	—
门源	1816	10277	5552	4725
同仁	13500	54000	—	—
都兰	35800	143000	—	—
玉树	11742	94894	—	—

《新青海》第三卷第十期，1935年10月，第39页。

青海蒙藏族人口调查表

一、保安十二族

族别	户数	人数	官人姓名
嘉务族	900余	6200余	拉洛
区麻族	600余	5400余	尕日哇
牟陀族	800余	5900余	鲁木才让
尖木族	460余	3150余	娘木加
浪家族	240余	1770余	达尔吉
向彭族	180余	1500余	根爱
金仓族	250余	2200余	堪卜加
古德族	350余	2200余	锁泰尔
瓜什吉族	580余	4600余	尖巴拉
雅隆族	400余	2700余	阮得开
将隆族	400余	2300余	杰丹木
贺乃亥族	660余	3400余	贺日
共计	5820余	41370余[①]	

二、环海八族

族别	户数	人数	官人姓名
刚咱族	1700余	6100余	花卜藏

---

①保安十二族人口总数统计实为41320余。

族别	户数	人数	官人姓名
汪什代克族	1280余	5300余	花布增
浅布绿族	1550余	7100余	次亥巴
都秀族	1230余	4700余	项若
拉安族	720余	2550余	勒格
公洼塔代族	1190余	4900余	阿粗呼祥三木
曲加族	600余	2200余	达哈拉尔加
阿什克族	980余	5500余	安木卡
共计	9250余	38350余	

三、果洛九族

族别	户数	人数	官人姓名不详
康日千族	20000余	94000余	—
阿什羌冈麻族	30000余	46500余	—
康塞木族	15000余	71500余	—
阿什羌女王族	8000余	37500余	—
豪高日麻族	52000余①	25000余	—
长亚哈族	1700余	8000余	—
白马本族	4800余	23000余	—
项欠条坝族	15000余	72000余	—
果洛斗亥桃族	4500余	21200余	—
共计	81200余②	378700余③	—

①此处户数与人口数不对应。
②果洛九族户数统计实为151000余。
③果洛九族人口总数统计实为398700余。

四、玉树二十五族

族别	户数	人数	官人姓名
囊谦族	219000余[1]	13200余	本西才文多将
苏尔莽族	550余	1400余	尕汪
札武族	800余	4500余	久美
普庆族	606余	3700余	尕麻协惹
拉达族	260余	1500余	锁吉
迭达族	250余	2700余	池力
拉休族	880余	4500余	瓦将
称多族	170余	920余	昂朵
安冲族	350余	2900余	藏理
固察族	120余	730余	才让多杰
竹节族	250余	2350余	普才
永夏族	400余	3500余	普扎格乃
藏古尔津族	1100余	5400余	勿加昂布
娘错族	270余	1650余	罗尕
总举族	120余	580余	宗冷秋加
江赛族	670余	3100余	格达
雅拉族	200余	1600余	日将
戎模族	800余	4200余	老任
格吉麦马族	800余	2800余	曲加扎巴
格吉班马族	250余	1700余	曲加明错
格吉纳藏族	280余	1480余	布伽
上中坝族	260余	2150余	才张
中中坝族	170余	820余	托陀官保
下中坝族	355余	2580余	汪欠多吉
苏鲁克族	32余	150余	干巴
共计	2133余[2]	71110余[3]	

---

①此处户数与人口数不对应。

②玉树二十五族户数统计实为228943余。

③玉树二十五族人口总数统计实为70110余。

五、蒙古二十九族

（一）和硕特部

族别	户数	人数	王公姓名
西前旗	500余	2600余	才拉什扎布
西后旗	300余	1500余	齐木称旺扎勒拉布丹
西右中旗	960余	5300余	德庆隆柱
西右前旗	250余	800余	雅楞丕勒
西右后旗	420余	1300余	僧格拉丹卜
西左后旗	560余	1870余	太木巧羊桑加保
东上旗	270余	530余	勒克到日
南左后旗	720余	2500余	耀布他日
南右后旗	520余	2800余	索商群派
南右中旗	550余	2500余	策仁他尔
南左中旗	230余	1100余	索南到吉
南左末旗	460余	2200余	丹增
南右末旗	170余	980余	官保加
北右翼旗	200余	1500余	索南年木哲
北左翼右旗	820余	4490余	索南旺济勒
北前旗	690余	3500余	索南木扎希
北右冀末旗	530余	2600余	索南端王
北左冀末旗	210余	1500余	索南僧格拉卜旦
前左翼首旗	340余	2200余	官保多吉
前首旗	1500余	15830余	贡噶环觉

（二）绰罗斯部

族别	户数	人数	王公姓名
南右翼首旗	670余	3700余	林沁旺济勒
北中旗	820余	5480余	扎希南木济勒

（三）土尔扈特部

族别	户数	人数	王公姓名
南中旗	420余	2640余	旺庆萨保
西旗	520余	2360余	仁庆诺洛
南前旗	220余	1430余	噶藏旺济勒
南后旗	450余	2200余	多锐

（四）辉特部

族别	户数	人数	王公姓名
南旗	390余	1150余	巴马旺济勒

（五）哈尔哈部

族别	户数	人数	王公姓名
南右旗	710余	4820余	拉布旋木诺尔布

（六）察汗诺门罕旗

族别	户数	人数	王公姓名
察汗诺门罕旗	660余	3300余	白佛
蒙藏族27旗共计	15060户	87370余	
蒙藏族共计	126463户	636900余	

附注：青海蒙旗共分五部：即和硕特部、绰罗斯部、土尔扈特部、辉特部、哈尔哈部，五部共有二十九旗，此外尚有不属五部之察汗诺门旗（俗称白佛旗），总计蒙旗为二十七旗，其中二十旗分左右两翼，现在左右翼盟，居环海地域及柴达木流域一带，另有四旗于黄河之南，称为河南四旗。

全省共计：二十八万五千四百六十一户，一百四十九万五千八百五十二口。

《新青海》第三卷第十期，1935年10月，第40-42页。

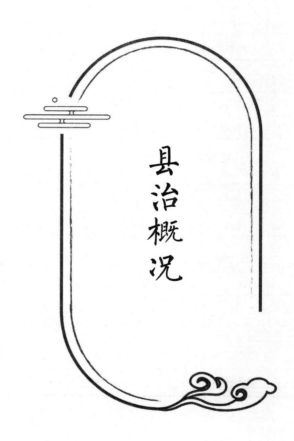

县治概况

青海各县自治机关组织概况

县名	区公所成立情形		乡镇公所成立情形				各项委员会成立情形	备注
	区数	区公所数	乡数	乡公所数	镇数	镇公所数		
西宁县	5	5	147	147	7	7	正在筹备	—
大通县	4	4	32	32	4	4		—
乐都县	3	3	61	61	5	5	各区成立调节委员会	
民和县	4	4	75	75	3	3	—	—
共和县	5	5	29	29	7	7	—	该县原划五区,惟第五区纯系土民,目下只能按四区办理
湟源县	4	4	19	19	无	无	—	—
互助县	4	4	73	73	1	1	—	—
贵德县	4	4	28	28	3	3	—	—
化隆县	3	1	—					该县乡镇尚未实行划编
循化县	5	—	24	—	3		—	现请改划三区
门源县	4	4	17	17	1	1		

续表

县名	区公所成立情形		乡镇公所成立情形				各项委员会成立情形	备注
	区数	区公所数	乡数	乡公所数	镇数	镇公所数		
玉树县	—	—	—	—	—	—	—	因系新县,民族复杂,尚未划分
都兰县	—	—	—	—	—	—	—	因系新县,民族复杂,尚未划分
同仁县	—	—	—	—	—	—	—	因系新县,民族复杂,尚未划分

《新青海》第一卷第六、七期合刊,1933年7月,第57—58页。

青海省各县各级自治区域划定情形表

县名	自治区数	乡数	镇数	间数	邻数	备注
西宁	5	177	7	788	3946	—
大通	6	32	4	94	264	—
乐都	3	61	5	383	1915	—
民和	4	75	3	297	1485	—
共和	5	29	7	—	—	—
湟源	4	19	—	—	—	—
互助	4	73	2	548	2747	—
贵德	4	28	3	147	735	—
化隆	3	—	—	—	—	—
循化	5	46	1	—	—	—
门源	4	17	1	42	173	—
玉树	—	—	—	—	—	因系新县，种族复杂，人民生活多系游牧，故未划定
都兰	—	—	—	—	—	因系新县，种族复杂，人民生活多系游牧，故未划定
同仁	—	—	—	—	—	因系新县，种族复杂，人民生活多系游牧，故未划定

《新青海》第一卷第六、七期合刊，1933年7月，第58—59页。

青海省县治概况

县名	治地	沿革
西宁	西宁	湟水南岸北川河东;清雍正二年置西宁县为西宁府治;民国改西宁道为道治设镇守使,驻此青海蒙古及番族与汉人互市于此,民国十七年青海改省定为省治
乐都	碾伯城	湟水下游北岸;清雍正二年置碾伯县属西宁府;民国初属西宁道,民国十七年国民政府改碾伯为乐都属青海省;西距西宁一百三十里
大通	毛伯胜	亦名白塔城,旧治在北大通;乾隆九年移置卫治于此,乾隆二十六年置县属西宁府;民国初属西宁道,民国十七年属青海省;在北川河南岸,东南距西宁一百三十里
湟源	丹噶尔	湟水上游北岸,旧为西宁县佐;清乾隆九年设主薄,乾隆五十七年置丹噶尔厅属西宁府;民国初改置湟源县属西宁道,民国十七年属青海省;东距西宁九十里为本省最大之商场
贵德	归德城	黄河南岸,旧为归德千户所属河州卫;清雍正四年隶临洮府,乾隆三年改隶西宁府,乾隆二十六年改为西宁县丞,乾隆五十七年置贵德厅;民国初属西宁道,民国十七年属青海;北距西宁二百二十里
化隆	巴燕戎格	黄河北岸,亦名摆羊戎,旧为西宁碾伯二县地;清乾隆三年置西宁抚番通判,乾隆九年置巴燕戎格厅属西宁府;民国初改置巴戎县属西宁道,民国十七年改名巴燕县属青海省,民国二十年改名化隆县;西北距西宁一百八十里
循化	循化	黄河南岸,旧为河州同知属河州府;清乾隆五十七年置县改隶西宁府;民国初属西宁道,民国十七年属青海省;西北距西宁二百余里
互助	威远堡	沙塘川西岸;清设都司于此,旧为西宁县属东北之威远堡沙塘川一带地;民国十九年置县;西南距西宁九十里

县名	治地	沿革
民和	古鄯驿	下川河西岸,即巴燧营,汉为龙支县故地;明洪武时置固鄯马驿;清乾隆三年设守备于此;旧为乐都县,东南之老鸦峡外上下川口享堂米剌沟古鄯一带地,民国十九年置县;西北距西宁二百九十里
共和	郭密	黄河北岸;旧为上下郭密九族等番地,民国十九年置县;东北距西宁二百二十里
门源	北大通	大通河北岸;清设副总兵及大通卫治于此;旧为大通县北之北大通永安俄博带一地,民国十九年置县;东南距西宁二百四十里
同仁	隆务寺	隆务河东岸;旧为循化县南之保安堡隆务寺一带地,民国十九年置县;东南距西宁三百余里
玉树	结古	一名盖古多,结古水北岸,为札武百户住地,居本省南部为玉树二十五族之集市;民国九年置玉树理事员,民国十九年改设县治;东北距西宁一千四百余里
都兰	都兰格勒	青海西岸为蒙古和硕特西前旗地,左翼盟长王公台吉于此设有行署,为青海蒙古二十九旗之集市;民国九年置都兰理事员,民国十九年改设县治;东距西宁六百余里

《新青海》第一卷第六、七期合刊,1933年7月,第60页。

青海各县之区村自治概况

青海各县区村自治状况，兹据调查，汇志于后，以告国人：

共和：未设县治以前，所属均系部落，设县治后，全县共划分为六区二十五村，每区委区长一名，惟因县治初设，区长仍由各千户王公兼任，每村委村长一名，牌长若干名，会同各区千百户王爷，秉承县政府命令办理全县自治事宜。关于警卫方面，由县治附近第一区组起保卫团六团，每团置团总一名，由县政府直接指挥，团兵现有三十余名，一有事变，则警团联成一气，一致剿匪，将来办理妥善，即依次推及全县，而完全自治之县，逐渐可以完竣。

都兰：都兰位处海西，人民仍依封建制度，蒙民居地，旧以旗为分别，然因年代荒远，即酋长（即王公）呼图克图亦不知命名之义，皆以王称呼之，即亲王（青海王）盐池辅国公，索诺木兴格拉有坦可可贝勒巴保，左翼郡王，索诺恩汪济勒（即可勒盟长）辅国公图布坦布绰等是也。番民居地以族为分别，即拉安族、都受族、曲加族、汪什代海族等是，依然太古部落时代之景象。区村制度，尚谈不到。至警卫方面，因县府经费困难，警兵甚少，惟蒙番各族中，富者常自备枪支，以资防御盗匪之用。

互助：全县暂分为三区，第一区内，约有大小二十七八庄堡，后以官厅规定每百家为一村，遂划为六十二村，继因户口不足，减去四村，旋又因差徭繁重，各堡民众会议，拟呈请减为三十四村，未蒙核准。第二区内大小约有二十余庄堡，划为二十九村。第三区亦有大小二十余庄堡，划有十八九村。计三区共有八九十庄堡，因众议恳减及另有从新调查编制之计划，故数目未能确定，此其大略也。至于警卫，县城有公安局，乡间有组织保卫团者，但不甚完备耳。

门源：全县自治区域，分为五区，第一区共有七村，第五区共有七村，第三区只有三村，第二、第四两区，多系荒滩，人烟稀少，间有番族，以畜牧为业。县城有公安局，警察三十名，又有民众组织之保卫团，县城设总局一，四乡分设分团共四处，区公所组织成立，所有一切自治事宜，由各区负责办理，县政府每月一号召集区长村长等开行政会议一次，所有行政各事，交会公决处理。

民和：自新设县治后，将旧日各乡镇堡名称，更为区乡镇制，计共分四区，七十八乡镇，第一区属有十八乡，第二区属有十一乡，第三区属十一乡一镇，第四区属二十五乡二镇。警卫方面，县治有公安局，川口镇有分局一处而已。

西宁：向年全县划分六区，共三百二十四村，后因互助县成立，面积缩小，成为五区。镇堡有三，一为镇海堡，一为鲁沙尔，一为上五庄。至于警卫，因地属省会，设施甚为周备，民国十六年成立自治筹备事务所后，所有调查户口，改办保甲等等，由各该区区长办理，成绩尚可观云。

乐都：全县划分三区，内附乡镇六十三，喇嘛寺院十一处，警卫尚完备，自治事业，已组织区公所乡镇长闾邻长等，以期成立自治事业正在进行中。

大通：全县划分为四区，东区有六十三村，西区有七十三村，南区有二十五村，北区有五十五村。区公所，原先设有机关，后因建设局改组，并入该区办理区事。

贵德：共分四区，南乡为第一区，有六村；东乡为第二区，有九村；西乡为第三区，有七村；土番为第四区，有十一村，共有三十三村。然此就近城各乡而言，至于远乡，均系"野番"帐房，游牧无定，故未列入区村，每区设区董副各一名，四区共设村正副各三十三名，近又设立区公所进行自治事项，警卫只有公安局负责而已。

循化：全县现分为三区，第一区计二十二村，第二区计十八村，第三区计八村一镇，共有四十八村。警卫有公安局二处，人民之保卫团组织，及区镇乡村各公所，因民智幼稚，未便积极进行，自治种种事业，更谈不到。

湟源：向无区乡村镇等名称，前年始划全县为四区，遴选乡镇闾邻各长，又城乡各设区公所乡镇公所，区监委会，并招集区民大会，讨论自治事项。警卫有公安局二，以负治安职责。

玉树：全境纯系番民，未曾划分区域，及编制村堡，现今仍以各族旧名称呼。警卫事宜，以各族旧有团结力，维持治安。

化隆：自治区，临城三十里以内为第一区，上十族、札什巴等处为第二区，水地川上下哆吧等处为第三区，卡尔岗等处为第四区，甘都堂等处为第五区，下六等处第六区，村则尚未设置，境内无镇，第三区仅有一札什巴堡，第四区仅有一甘都堂堡而已，各区区长已经委就，现正在组织区公所中。

同仁：民国十八年始建设治区，现计共分全县为四区，第一区计二十一堡、一镇、一庄，第二区计十堡，第三区计九堡、十一庄，第四区计九庄。番民帐房，三五家为一小帮，数十家为一大帮，名曰区练，团结甚固，守望相助，以御外侮。

《新青海》第一卷第九期，1933年9月，第50-52页。

青海各县公安局概况

省城——每月经费四千七百二十五元，枪一百一十二支，官长警佐共三百三十六名。

共和——全年经费三千六百零四元，枪二十七支，官长警佐共三十四名。

化隆——全年经费四千元，小麦二十二石，柴草约三万斤，枪二十四支，大刀十把，官长警佐共三十九名。

循化——全年经费三千三百元，枪十五支，官长警佐共三十五人。

大通——每月经费三百三十九元，枪十七支，官长警佐共四十一名。

湟源——每月经费二百七十元，枪十八支，官长警佐共三十八名。

贵德——每月经费二百一十四元，马刀数把，官长警佐共三十四人。

门源——每月经费二百三十元，枪五十三支，官长警佐共二十五名。

互助——每月经费二百六十一元，枪十一支，官长警佐共二十七名。

乐都——全年经费五千二百八十八元，另服装费七百元，大刀四十一把，官长警佐共四十六名。

民和——每月经费四百八十元，全年经费六千一百八十元，枪十支，官长警佐共五十一名。

玉树——未详。

同仁——未详。

都兰——未详。

《新青海》第一卷第十一期，1933年11月，第63页。

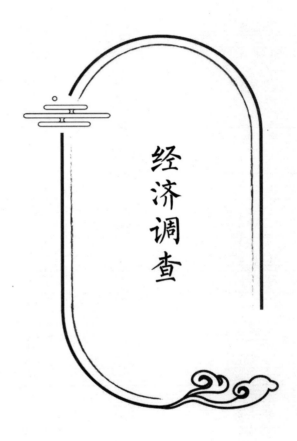

经济调查

玉树县各族所占田地及荒地调查

玉树各族[①]所占田地及荒地亩数如下：

（一）囊谦族：田地四万亩，荒地一万五千亩。

（二）苏尔莽族：田地五千二百亩，荒地九千亩。

（三）札武族：田地九千亩，荒地五千亩。

（四）迭达族：田地一万四千亩，荒地三千亩。

（五）普庆族：田地四千一百亩，荒地三千亩。

（六）拉达族：田地四千四百五十亩，荒地一千五百亩。

（七）斜武族：田地四千二百亩，荒地八百亩。

（八）称多族：田地一万六千亩，荒地三千亩。

（九）安冲族：田地四千六百亩，荒地一百亩。

（十）固察族：田地四千零五十亩，荒地一千亩。

（十一）竹节族：田地一千四百五十亩，荒地一千亩。

（十二）拉布族：田地四千亩，荒地一千亩。

《新青海》第一卷第八期，1933年8月，第77-78页。

---

① 民国年间，玉树县各族名称，由于是翻译而来，用字不甚统一。"苏尔莽族"又说"苏莽族"，"札武族"又说"扎武族"，"普庆族"又说"普郡族""布庆族"，"固察族"又说"古刹族"，"拉卜族"又说"拉布族"。后文关于人名、地名、族名核对与原文一致，基本保持原貌，不再做统一校对处理。

玉树县地主雇农情形

玉树县地主雇农情形，兹将调查所得志后，雇农年工最昂者付川洋（川洋每二元半拿大洋一元）四十元，平均者付川洋三十元，最低者付川洋二十五元。月工最昂者每月付青稞二木碗半，最低者付青稞一木碗。童工最昂者每年给粗褐衫一件，老羊皮袄一件，皮靴一双，羊三只；平均者每年给粗褐衫一件，皮袄一件，皮靴一双，羊二只；最低者每年给粗褐衫一件，老羊皮袄一件，皮靴一双，羊一只。雇工食宿，全由地主供给，雇工家中如需用牲畜，地主随时借助，若借粮食，地主只取其本，不取其利云。

《新青海》第一卷第八期，1933年8月，第78页。

青海省各县之农产调查

青海气候高寒，兹将各县所出农产，调查如下：

湟源——小麦，青稞，豆子，燕麦。

民和——麦豆，糜子，米谷，玉麦，荞麦，燕麦，胡麻，菜籽，洋芋。

化隆——青稞，菜籽，小麦，蚕豆。

大通——小麦，大麦，燕麦，大豆，蚕豆，青稞，大菜籽，小菜籽，洋芋。

循化——小麦、青稞、蚕豆、甜瓜、蔬菜等。近几年来，人民多种辣子。

贵德——瓜果颇多，蔬菜、大麦、小麦、青稞、蚕豆等。

乐郡——大麦、小麦、蚕豆、青稞、洋芋、荞麦、燕麦、玉麦、蔬菜、果类等最繁。

共和——小麦、青稞、蚕豆、蚕豆、胡麻、油菜、燕麦等。

互助——小麦，大豆，青稞，燕麦，黄米，洋芋。

西宁——大麦、小麦、蚕豆、大豆、青稞、黄米、油菜、燕麦、玉麦、洋芋、烟叶、蔬菜等。

都兰——青稞居多，蚕豆、燕麦等次之，萝卜、葱蒜，以及各种蔬菜均可生长。

同仁——小麦，青稞。

（按洋芋即马铃薯）

《新青海》第一卷第十期，1933年10月，第152页。

青海各县寺庙田产调查

共和——寺五处，田产约七百四十余亩。

化隆——寺二十四处，庙二十八处，田地四十二石二斗三升，耕地四十三石零八升，草山三十石，小森林二处。（地亩又以石斗升名者，系以能下种籽数计算，下同）

循化——寺五十八处，庙九处，田产共一百一十六亩，又田地三石。

大通——寺六处，庙四处，田产六百数十石。

湟源——寺四处，庙十余处，旱地一千四百八十四石四斗八升九合。

贵德——寺三十三处，庙二十四处，庙产约计四万六千八百余元。

湟源——寺二十一处，庙六处，土地一万一千二百二十亩，森林一千八百余亩，牛羊马共约数千余只。

互助——寺一十二处，田产九千六百四十五亩。

乐都——寺二十处，庙一百六十处，田产三千二百六十二亩九分七厘。

民和——寺三十二处，庙十六处，田地三百六十七亩五分。

西宁——寺四十五处，庙二百三十八处，田地一万一千一百二十四亩，又田地五石七斗六升。

玉树——寺九十九处，产业未详。

同仁——寺十八处，产业未详。

都兰——寺九处，产业未详。

《新青海》第一卷第十一期，1933年11月，第60-61页。

青海之矿产及其产地

青海矿产之最著名者，为金盐煤铁等项，其他如银铜铅及非金属矿物，亦多有发现，汇志如次：

金：（一）麸金产于柴达木河流域之马尼图鄂果尔图等地；（二）线金产地在西宁乐都境内，产量较微；（三）砂金占地较广，大通河流域如北大通一带。黄河流域如海南之贡尔勒盖哈尔吉岭、佛山沟沁马雪山等地。通天河流域如玉树四族、称多族、固察族、安冲族界内，到处即是。柴达木河流域如霍硕特北右末、霍硕特西右后及西左与大小柴达木一带，计全省砂金散布之区，约十四万方英里，然因土法开采，获利无几。

盐：产量极负盛誉，除希勒达布逊，及达布逊东西两大盐池外，其他附近各湖，皆含有天然盐质，希勒布逊诺尔，即青河西南之盐池，周围二百余里，盐味纯美，实过他处。哈拉池南岸，有盐井二十余处，大小不一，深不过三四丈至六七丈不等，色微黑，则略杂不净之质。其他如霍硕特北左、察卡塞什克、哈拉池边，均产池盐或石盐。

煤：大通产无烟煤，西宁附近居民，均依赖之，惟土法开采，亦无进展耳，南部之乌兰代克山一带，北部之玛尼岭一带，及霍硕特北右末、可可八宝、苏莽界等处均有，尚未开采。

银：产于贵德、大小柴达木、噶顺山、隆冲河一带，玛尼岭等地。

铜：产于香儿德、木勒哈拉、玛尼岭、大小柴达木、西宁乐都等处。

铁：产于哈拉哈精、乌兰代克山一带，大小柴达木、霍硕特北右末一带。

铅：产于保安、乌兰代克山一带，霍硕特北右末一带。

锡：产于大小柴达木、汪什代等地。

矾石：产于霍硕特西右后、霍硕特北右末、大小柴达木等处。

硼砂石膏：霍硕特西左后、霍硕特北左等地产之。

翠玉石：产于格吉、界杂曲滨二处。

硫磺火硝：硫磺产于那木山。火硝产于尼图图、霍硕特西左后、霍硕特北左、霍硕特北右末、大小柴达木五地。

白石粉：可代肥皂，霍硕特西左后、霍硕特北右末均产之。

《新青海》第一卷第十一期，1933年11月，第61—62页。

青海产盐最富之青海察卡池概况

　　盐系天然生成，挖后雨天即长。

　　青海盐池颇多，以察卡池（察卡系番氏盐池之意）为最大，南北八十余里，而东西一百八十余里，周围约二百余里，四周系盐质之泥滩，池水自锡拉库特尔山之莫和尔河，与布拉地察罕乌苏河，汇为此池。此盐地原归霍硕特西前旗青海王，霍硕特西后旗柯柯王，及霍硕特北左末旗察卡王管辖。取盐之道，共分三路，一在西北，属青海王；一在东北属察卡王；一在西南属柯柯王。以往准穷苦蒙古挖盐，请领各该旗王公、札萨克、台吉照票，运往湟源、西宁、大通一带售卖，易换布匹口粮等物，现均前后收为省有，设局督运，挖盐者多系蒙人，以铁勺捞取，池边插帐以住，盐系天然生成，挖过地方，一经雨天，即可长平。四川每年来青运盐者，每次牛驮恒以千数计，一到盐池，督运局即派人到帐房代雇挖盐者，每挖一驮可得工价洋三角，蒙番运盐至湟源，榷运局以青盐一袋易青稞一袋，池边有土房五十余间，设有榷运局一处云。

《新青海》第二卷第六期，1934年6月，第46页。

青海汽车公路之调查

　　青海为西南之屏隙，康藏新甘各省交通之要道，自来入康藏者，多取道于青海，然以交通之不便，行旅苦之，政府屡拟兴筑改良，而利民生，只以困于财力，无从进行，驻青新九师有鉴于是，实事求是，实兴兵工政策，与民众协力合筑全省汽车路，自民国二十一年动工后，迄今过半已行完竣，计全省十五县中，西宁、化隆、循化、乐都、湟源、大通、门源、互助、民和、都兰等十县，汽车公路，均已告竣。他如：共和县距省城二百六十里，已修筑一百八十里。玉树囊谦两县距省城约一千六百余里，已修筑五百里。同仁县距省城三百八十里，已修筑二百八十里。贵德县距省城一百八十里，已修筑一百一十里。

　　各公路中，化隆之峡门桥、民和之享堂桥、大通之大通桥，均为巨大之工程，而循化县石群峡黄河上建修之"黄河桥"，尤为全省极大工程；各公路中，以玉树囊谦路线荒远潦阔，故在恰卜恰、大河坝筑设营房各一处，恰卜恰营房能驻兵一营，大河坝营房能驻兵一团云。

《新青海》第二卷第六期，1934年6月，第51—52页。

青海各县民众之职业调查

因习惯关系农牧多而工商少，青海民族复杂，且以环境及传统习惯关系，因而民族职业方面分歧，兹将各县民众所务职业，调查分志如下。

玉树：男多牧少耕，间有营商游猎者，女纺织务农，并取乳酿酥。

化隆：各民族概务农业，惟农具甚粗笨，其经商者，只有汉回两族极少之民。

民和：大多数人民业农，业商者有十分之一，至于工业者，白石、木、铁、画等匠，亦不过农家之副业。

循化：民众多数业农，山路崎岖，交通不便，故商业甚形萧条，全境商贾，仅有三十余户，对于工业，毫不注意。

贵德：境内人民职业，略分农、工、商、学四种，汉民多务农，大多务农及牧畜民多畜牧狩猎，间有耕耘。

都兰：回民多业商、畜，业工商甚寥寥。

共和：全县蒙藏二族居多，皆游牧，少数汉回民族及番族务农业。

互助：务农者多，为士商工者居少数。

湟源：民多赴口外经商，近因羊毛停顿，此项职业甚恐慌，农业守旧法，近改良有成效，工业无多。

同仁：番民务农牧畜，汉民经商，帐房番民重游牧。

西宁：本县商业发达，工业亦精进，农占十之九，近因天气亢旱，收成欠薄，民力疲弊，故农家辛苦经年，辄不得温饱。

大通：汉回民人多经商，番民多牧畜及游牧为生。

《新青海》第三卷第三期，1935年3月，第46-47页。

青海水利灌溉调查

/ 安　汉

一、青海水利沿革

青海地处高原，山脉绵亘，虽为长江大河发源之地，河流密布，而大部游牧民族，不事耕种，故不注意及此。至西宁、乐都、大通、贵德等县，水利之兴肇端西汉。武帝时赵充国西征，屯兵湟水，择膏腴土地，引水灌田。彼时兴办范围，仅及上述四县，后渐及于各处，人民因而耕之，历经晋、隋、唐、宋、元、明各代，无大进展。兹分县略述如下：

西宁县：自西汉凿渠屯垦之后，至乾隆间，全县有渠一百三十六道，共灌田亩约二十八万八千六百余亩。及至宣统时，又将县北六十里北川黄家渠以北各渠所灌之地，划归大通县，其渠道如旧。民国十六年，县西云谷川所灌之陶大山各渠，复由上堡巴浪、吴仲各堡扩大渠道，改引湟水以增水量。至民国十九年，湟水以北沙塘川、红哈二沟及北川河以东之地，划设为互助县，其渠道如旧。

乐都县：清乾隆时，全县有渠六十八道，共灌田约十万亩。民国十九年，划分东部峡外之地，新设民和县，其渠道如旧。

大通县：清乾隆时，有渠四道，共灌田约六万余亩。至清末叶，将西宁黄泉渠以北各地划归县属之后，因之增渠六道，共灌田约一万九千亩。

贵德县：元明时在东西两河沿流开渠凡十五六道，历年修筑，灌溉称便。清乾隆仅有渠四道，共灌田约二万八千余亩。后因人民生计日进，至民国十七年青海改设行省，该县先后增干渠二道，所灌田亩甚多。

循化县：在汉金城郡辖治之地，当时亦有分取黄河之水，灌溉田亩之事。至唐咸亨之后，失陷于吐番，沟渠遂废，嗣后地方忽得忽失，亦无一定渠道之开修。至前清初年西平蒙古，封官设治之后，人民得安其业，沟渠复浚，八工地方以及保安等处水渠颇多，干支渠道密如蛛网，灌溉颇称便利。

化隆县：水利情形，在昔亦与循化相同，皆因得失无定，渠道时开时废。至清乾隆后，诸乱靖平，民得安居，复浚修旧渠，灌溉田亩，县南附近黄河一带如甘都上下、多巴、节思多、上干旗等渠道极多，约灌田亩全县四分之一。

湟源县：水利兴于清初年羹尧西征之后，至民国十六年，全县共有干渠十四道，支渠颇多灌田普遍。

互助县：民国十九年划分西宁县属北部一带地方所设立，共划归水渠五十二道，共灌田亩约十一万亩。

民和县：于民国十八年新设县治，分划乐都、老鸦峡水渠二十二道，约灌田二万余亩。

共和县：其东部尕让尔、红庄尔、什木昂、和尔加等处，水渠之兴修，始于清初，每年应纳水地番贡粮六十八石。西部哇力贡一带水渠，唐始修而复废，后至清光绪初年，由内地人民入住，其地复行开修，有渠二道，灌田约一千二百亩，以前均属西宁管辖。西部恰卜恰原属湟源县治，其水渠亦于清光绪初开修，宣统三年甘肃省垦务总局丈地升课时，有渠六道，共灌田三千六百亩。后因连年亢旱，水流渐涸，民国十八年设县时，则东巴、拉贡、麻麦、朵和、隆哇等处，水渠率多荒废。又西沙洲玉、尔什台等处，水渠亦兴于光绪初年，至今开辟渐广。

二、各县水利现状

民国以来，该省雨量时感不足，各地农民对于水利之讲求，孜孜不遗余力。惟地方官厅，忽视民瘼，各地水利工程，多由人民自动经营，殆无整个设施，而人民大都困于经济，关于工程浩大者，无法兴办。于是茫茫沃野，只以水利不便，无法开垦，各县现有耕地，亦因雨水缺乏，荒欠频仍。至民国十八年，新省成立，该省民政厅拟定青海省各县兴修水利办法八条，并拟由各县额粮百五经费项下，提取五分之一，以资兴办，方欲举办，而各处灾情过重，此议无形停止。民国十九年因灾情极重，省府用以工代赈法，兴办水利，议决给赈洋一万元为补助。现此款业按各县水利工程之繁简，分派就绪，计西宁县大洋五千七百元，乐都县三千一百元，大通县二千六百四十元，共和县二千零七十元，门源县七百五十元，贵德县七百元，故由各县按期承领，暂为动工兴修。至大规模之办理，刻因财政困难，尚待异日。兹将各县及蒙藏各地水利现状，分述如下：

西宁县：境内有湟水、南川河及北川河，纵横贯流，水利称便。惟西川韦家庄、彭家寨，东川平戎驿临城罗家湾等处，如能引用湟水灌溉，则水利更形发达矣。

乐都县：全县共有湟水、胜蕃沟河、岗子沟河、双塔沟河、高店沟河、马哈拉沟河、峰堆沟河、虎狼沟河、下水磨沟河、卯寨沟河、努木只沟河、上小磨沟河、羊官沟河、迭尔沟河等十四水，而以湟水灌田最多。胜蕃沟河及岗子沟河次之，羊官沟及迭尔沟两河最小，盖河源森林近年斫伐殆尽故也。上述各河皆有水渠，有长至二十华里者，亦有二三华里者。流量最大约为每秒八立方公尺，最小为每秒二立方公尺。各渠每年掘修，水量分配，或为轮流制或为平分制，皆有规定。本年雨水特广，在县城附近及白马寺一带，泛滥田地甚多。至开渠治河及设备水车各节，以经费无着，未能实现。

湟源县：境内湟水、巴燕河、药水河、白水河、毛吉河、阿家兔河、拉拉河、仲隆河，皆有水渠，居民对于河水之利用，颇为讲究。全县灌溉地约有百分之七，且天旱时缺水，而官厅毫不帮助，关于大规模之工程，无力兴办。

互助县：全县灌田之河流水渠在第一区（威远堡等）大沙棠川河、安定河；第二区（盐长堡等）有哈拉沟河、红崖子沟河；第三区（长宁堡等）有景阳川河、苏木莲河。第二区之高寨拟引用湟水灌溉，因第一区傅家寨人之阻碍，未能开浚。

贵德县：灌溉田亩之河流为东西二河，西河源于南山磨夫沟郭纳泉，有刘屯渠、洛卡渠、漕渠等，灌田约五千亩。东河源于南山新王池，有新隆渠、教场渠、宣渠、查义渠、新拉渠、达子渠、上高渠、腰渠、贡巴大渠、尚仁渠、王屯大渠、因屯大渠、览角大渠等十三渠，灌田约三万五千亩。均系元明时代所开，历年屡加补葺，每年由各该渠农民头目督促农民逐一灌溉。但每逢天旱四五月间缺水，县城西南野里哇一带，引泉水灌田，水含碱性，作物每被其害，而生长矮小，穗不丰而产量亦减。此外本县黄河沿岸墩湾子有西乡农民集股共建筑水车一架，每年可灌田八百余亩。

化隆县：县属水地川一带，系用一小水灌田，此水由昂忽丹地方发源，后随地易名，流至该地，遂分渠引灌。甘都一带所借以灌溉者，亦为一小水，此水由克俭千户两细流汇流而成大河，流经该地即利用灌田，水渠狭小，且无定名，该地西滩有水车一架，东滩有水车二架，惟以河水（黄河）涨落关系，仍不能按时吸引。

门源县：该县大通河横贯中部，八宝俄博一带有黑沟河，永安城有硫黄河、黑水河，县城左右有白水河、老虎河、大沙河等。然水利未兴，用以灌溉者殊少。如由老虎沟开渠引水，则城北及城之东北一带之地，均可灌溉。

共和县：县之附近灌田之河流首为恰卜恰河，沿河有大同乡大渠、太和乡大渠、泛爱乡渠、永和乡渠、新添乡渠、五族乡渠以及新开之民生渠等，共有七渠。益中、移风二乡，引黄河之水灌溉。县西有沙珠玉渠、大河坝渠；县东有芝泉乡渠；第二区罗汉堂有河滨河干各乡渠；第三区龙冲河，沿流有多利苍和尔加渠，尕让沟有尕让阿什贡各渠。上部密跌盖林现有田二三百亩，引用泉水灌溉，泉水含碱，灌田年久，恐被害，居民云，尚有荒地千余亩，如能费四百人工，可引黄河之水灌溉。

民和县：县北为湟水灌溉区域，即上川口及下川口一带临近湟水沿岸，引用湟水支流灌溉，如芦草沟河、新顺堡河、朱拉沟河、巴叔沟河、红嘴堡及西纳沟河均可灌田。县南为黄河灌溉区域，即撒马堡、大马家乡、丹阳城、台家沟、六户沟等地，皆有黄河支流可以灌田。

大通县：境内有北大河纵贯，灌溉田亩甚多，计划中之北大渠、南大渠，如能完成，则灌溉更觉便利矣。

循化县：黄河横贯全县北部，惟河岸较高，不便开渠，已于黄河沿瓦匠村修建水车一架，此外山沟溪水，亦可灌溉。

同仁县：隆务河由南而北，流入黄河，但以水利不兴，灌田不多。

都兰县：县南之哈拉哈图河、察察香卡河、察汉乌苏河及县沿附近之希里沟河，县西之塞什克河，县东之都兰寺河、莫胡尔河等，河身颇浅，地势平坦，稍司修浚，即可灌溉。

玉树县：结古、称多、安冲等地，系通天河（扬子江上游）流域，囊谦、得马、班马诸地，系杂楚河（澜沧江上游）流域，惟居民重牧轻农，水利不兴。

囊谦县：为海南新设县治，在萧旦曲水西岸，香达南开渠一道，共计三渠，可灌田九千亩。

和硕特已垦地之水利：

南左翼头旗，面积约五千方里，地多沙漠，已开耕约六百亩，引用恰卜恰河灌溉。

南右翼末旗，面积约七千方里，已开耕两千亩，多碱卤沙漠之区，引用境内小水渠灌溉。

西后旗牧地，面积三万方里，地多肥沃，适于耕种，已开耕者无多，境内水源甚旺。

南右翼后旗，面积六千五百方里，地多膏腴，开耕一万亩，引用湟水及支流灌溉。

南左翼末旗，面积约三万方里，大半可耕，已开耕一千亩，引用长宁川支流灌溉。

东上旗，面积约一万三千方里，颇宜耕种，已开耕三百亩，引用长宁川支流灌溉。

北右翼旗，面积约一万方里，多碱卤湿洳地，山地尚佳，耕地为数甚少，可引河水灌溉。

西左翼后旗，面积约一万五千方里，地颇肥美，一片水草，已开耕二百亩，有真果勒河灌溉。

西右翼中旗，面积约一万八千方里，地质甚劣，其能耕植者少，可引塔拉源河及舒噶河灌溉。

北右末旗，面积一万二千方里，布隆吉河及扎萨卓尔河附近，颇为肥美，宜于农作，已开耕数十段，即引该河水灌溉。

和硕特未垦地之水利：

前左翼头旗，面积七千五百方里，中部肥美，余多盐水，尚无耕地，可引布哈河灌溉。

北左翼末旗，面积二万方里，大部宜耕，可引布哈河、沙尔河灌溉。

西左翼前旗，面积二万方里，开有可耕之地，有布隆吉河灌溉。

北左翼旗，面积一万三千方里，水草丰茂，巴延河沿岸，尤宜耕种，灌溉便利。

以上南右翼左旗，地多碱卤不毛；西左翼后旗，地多碱卤不毛；西左翼后旗，沙地甚多，均不适农耕。

弹罗斯南左翼头旗：面积一万一千一百方里，土质气候，均宜耕种，已开耕一万六千六百亩，引恰卜恰河、哈乙河灌溉。北中旗多碱滩及砂丘地，不宜耕种。

辉特南旗牧地：面积二千方里，土质肥美，宜于农业，已开耕一千七百亩，引博罗普川灌溉。

喀尔喀部南右翼旗：面积三千方里，中部水草肥美，余皆沙卤，已开耕四百亩，引小河流灌溉。

都秀番地：面积一万方里，土地肥美，宜于农耕，公洼地尔代番地，面积九千方里，多山岭，土质尚佳，耕植亦易；曲加羊冲番地，面积八千五百方里，土质气候均宜农。以上诸地皆可引黄河灌溉，现除畜牧外，尚无耕地。

拉拉番地：多砂石碱卤，土质极劣，不宜农耕；刚明番地，多山岭斜坡，沙最尤多，灌溉不便；千布里番地，地多瘠薄，惟东段较佳，尚无耕地，可引倒淌河灌溉。

三、各县水利计划

青海各县应开水渠及应修水车计划及其工程费用，尚无精确之规划，兹将该省民政厅、各县县政府及一般之估计，分述如次：

（一）西宁县

省城附近计划开渠：自西山韦家庄起至山峡杨沟沿止，计经过六千五百里，引湟水灌溉，此渠完成，则临城南渠，及罗家湾之水车，不必重修。工程浩大，需工约二三万，约需款二万五千元。

临城南渠：自西川山寨尔庄引湟水至刘家寨深沟沿，即由深沟地方修筑水道，顺流而下，分段接入南川河各渠，其经过里数约二十里。工程方面，除浚挖外应建设桥坝者二处，约需工五六千，需洋七千二百元。

平戎等堡大河南渠：引湟水由柳湾庄起共经二十余里，灌田约二千亩。需工五千，费洋四千八百元，即可完成。

平戎等堡大河北渠：引湟水由涧方沟起，长约十六七里，灌田二千余亩。需工七千余，需洋三千九百六十元，即成。

西川彭家寨渠：自西宁城西十五里之彭家寨而引日有之渠水，至彭家寨南，约三里许，灌田二千余亩。该渠所经之处平坦无阻，填之处不过五六尺引水出渠口约五六十丈，即可灌田，系急应开修之渠。

多洛堡渠：在黑林河引水向该庄下半堡河东一带灌溉，开凿容易，约计需工一千多，需洋七百元。

李家堡渠：在东峡河引水流向西山根一带灌溉，约需工三四千，需洋一千余元。

柳湾堡渠：自第二区三十里铺，开一新渠，引用湟水，长约三十五里，可灌下红庄及柳湾堡一带之地，约需洋五千三百元。

云谷渠：自第五区云谷川小山峡口佛爷崖对岸取水，由河东河，经家尔吉、李家山等十五六庄，长约二十里，约需洋三千元。

（二）湟源县

立达庄渠：由石嘴引湟水经立达庄至县城南灌溉，约需工六千，需洋三千元。

（三）乐都县

水磨渠：自水磨堡陈家庄起经大小沙沟四道，至石嘴堡止，约长十五里，灌田二千四百亩，约需工六千余，需洋三千六百元。

深沟渠：又名大峡渠，自高店堡开坝取水，经小红沟、小脑马沟、马哈拉堡，至深沟之荒滩，约长三十余里，需一万六千三百工，需洋六千五百二十元。

老鸦村渠：由高庙小河滩取水，至旱子湾可引旧渠，约需三千工。自此至蒲家口，须开新渠，约需二千工。又至老鸦城，要用旧渠，计全长二十余里，共需五千工，洋二千元。

（四）民和县

官亭杜家寨水车：官停杜家寨河边马家等处，修水车二架，取用黄河水，需洋一千八百元。

马厂原水车：马厂原磨湾子修水车二架，约需洋二千元。

麻黄滩渠：该滩开渠一道，约需一千工，洋六七百元。

（五）互助县

曹家堡渠：曹家堡系县一大荒滩，如能开渠引用湟水，能灌田四五千亩，估计需四五千工，洋二三千元。

（六）循化县

黄河沿瓦匠村已修成水车一架，拟于沿河一带，再添造水车八架，每架需洋二千五百元，共二万元。

（七）门源县

拟取县城迤西十余里之老虎沟河水，以灌城北大小生熟地亩，不难开凿，约需洋二千五百三十元。

（八）大通县

北大渠：拟由兴隆河引水，经峡新、旧凉河，直达白阳村，归北大河，计长三十余里，需洋四千余元。

南大渠：自阳化村引北大河水，经逊伯极雪良等村，直达鱼樵村，至阎门界，入北大河，长三十四里，约需洋四千八百元。

（九）共和县

口磨底渠：拟于渠口修置水车二架，取水上塬，开渠引道，约长二十里，需一万一千余工，洋二千四百元。

苏手拉渠：自苏手拉泉设一水桥，导水出沙山，渠长四里，需三千二百工，洋六百四十元。

民生渠：此系旧渠被洪水冲坏，如将此渠另移渠道，可多灌田亩，计约需洋五百元。

（十）同仁县

缺吾庄渠：由同仁河（即隆务河）东岸引水，自缺吾庄灌溉起，至吾屯庄止，长二十里，约需洋四千元。

下庄渠：由杨山根引同仁河水起，至下庄止，长十五里，约需洋三千元。

四、结论

上述各县水利计划，其工程较小者，或由该地农民自动开浚，或由全县力量开浚。至其工程浩大，费用较多者，则非赖全省之财力或由国家补助，莫能全部完成。且近年来，青海百业凋敝，负担繁重，民穷财尽，亦达极点。而该省雨量时感不足，兴办水利于全省农业之兴衰，相关至切，惟望青省当局当以穷干精神，努力振兴水利，并希从事开发西北之中央机关及各实业团体，对于青海水利工程，予以有效之援助，促其早日完成全省水利计划，则青海瘠碛之地，可一变而为富庶之区矣。

附：青海省各县兴修水利办法

（一）各县兴修水道，应依本办之规定。

（二）各县乡区水道之兴修，其办法如下。

一是，各县设立水利局，办理水利事宜，其局长由各县县长暂兼之。

二是，各县县长应令沿河镇村，自行疏浚，务使河基巩固，水流畅达。如彼此有关联时，更须由数镇或数村联合设水利分局，分推董事三人，督率办理，前项工作应于每年农隙之时，派夫修理。如不能出夫之户，得出资代雇。

三是，原有沟渠，每年须从新修浚，力求稳固，务使灌溉普及。其沿河可利用河流之处，并须另辟新渠，积极兴办。

四是，近山或近水地方，须通泉通沟，或凿井灌田。如近河地方限于地势，不能引流开渠时，宜置备水车行之。

五是，各县沟渠之尺度，得由各该村村正等规定，呈报县政府备案。

（三）各乡举办前项规定事项，合于国民政府新颁兴办水利防御水灾奖惩条例第四条各款之规定者，得由各该县县长查明呈请奖励之。

其在事实人员，如有劳绩及捐资或募集巨款补助工事者，得由各该县县长查照该条例第七条二三两项之规定，呈请奖励之。

（四）各县联合兴办水利时，其经费由各县分筹，或数县协筹。但雇用工力及工匠，均须酌给口食。

（五）沟渠所占土地，均应给价，并呈请豁免钱粮，以昭公允。

（六）沟渠经此次修筑，每年秋后必须修补一次，并由督修人员不时查勘，有无损坏之处，随时呈明县长核办。

（七）本办法之规定，本省各理事准用之。

（八）本办法自公布之日施行。

《新青海》第三卷第五期，1935年5月，第49—57页。

青海兴办水利计划

青海建厅于本年四月间，曾呈请全国经济委员会准予拨款补助，兴办本省水利，分杀水势，而减下游水患，一面并分令各县县长妥拟各该县兴办水利具体计划，以便汇转，顷悉共和、湟源、都兰等县，已将具体计划拟就，呈送建厅汇转核办。其原计划如后：

一、共和

共和地居海南，正当黄河上游，气候温和，土地肥沃，广袤数百里，惟以水利不兴，举目荒凉，谨将兴办水利，拓殖垦荒，复兴农村之要点及应用水利之情形，分陈于次：

黄河在本县之水位——自县属西南之朵尔玛羊曲入境，绕南山蜿蜒东流，经上郭密之摇隆奴奴累、铁盖林、五雷林、茨窝曹多隆、上下扶河湾等庄，中郭密之摄那尼那，下郭密之和尔加、阿什贡等庄，入贵德境。

应用黄河水利之情形——沿河北岸均属可耕之地，有因地势高峻，望隅兴叹，有因财力薄弱，束手无策，即欲利用水力，灌溉田亩，在感难兴办，除上郭密之上下扶河湾凿有民生渠一道（十五里），以利灌溉，下郭密之阿什贡修水车一座，引用水力外，其余如摇隆奴奴累、铁盖林、五雷林，以及茨窝曹多隆、摄那尼那、和尔加等庄，均应拨助款项，修筑水渠，以厚民生。查以上各庄，均系共和农产繁盛之区，若能水利通而农村即兴，荒芜日辟。

关于凿修水渠，建造水车等项，本府当依黄河水位之高低，负责疏浚，而利农垦，兹分述如下：

摇隆奴奴累——当黄河北岸，距县七十余里，为产林木区域，林内土地平坦，适于耕种，若能疏浚沟渠，移民垦殖，荒区可变为良田，减杀水分不少。

铁盖林——查铁盖林与摇隆奴奴累等毗连，东西八里许，南北三里有奇，居民四五家，共计荒地约一百余亩，开熟地十余石，就泉水引入灌溉，碱质甚大，若能以黄河水灌田，荒弃尽可开辟，亦时变为美田，因居民财力不足，减少农业收入不鲜，开渠约需工三千左右，计洋三百余元。

五雷林——按五雷林在铁盖林下游，因年代湮没，林木陈腐，显系一片荒弃，有田约百余亩，颇适于农业作物，东西南三面环水，北枕沙山，若无沙山侵蚀及河水泛滥成患，可耕无处，计东南十余里，南北三里许，居民五六户，垦田六七石，就低洼之地开小渠一道（五里许），引黄河水灌溉，较高地带，以民力开渠殊非易事，且居民多系外来移民，限于财力，非仰赖公资助，断难举办，如果拨款修渠，需工一千五百余，计洋二百五十余元，依此计划进行，一则可以增进地方生产，再则能增加移民，荒弃日辟，水利渐兴矣。

茨窝曹多隆——紧居黄河北岸，以恰卜恰河水灌田，不免有舍近求远、灌溉不足之虞，宜修水车，取黄河水灌溉，既能压碱，又得丰收，农村兴复，赖利实深，计修水车两架，共约需资料洋一千元。

摄那尼那——查摄那尼那在中郭密，居黄河北岸，亦常引黄河水灌溉，增加农产，得用水车两架，需洋亦在千元上下，以上所举，均系兴办本县黄河水利之荦荦大者，小流不再细计云。

二、都兰

都兰全县所辖区域，面积辽阔，东西长一千二百余里，南北广八百余里，河流繁巨，雨量丰富，每年夏秋两季，山洪暴发，为患下游，实由不治基本之故。查河流分柴达木河、查汗乌苏河、哈拉哈图河、都兰河、拭拭香卡河、库塞河、奈值河、引得勒河、拜葛尔河、那莫浑河、乌兰乌苏河、乌拉斯河、拜河、可可洛河、希隆吉尔河、鄂尔根河、博门河、三望河、白河，共计大小为一十九河。内中柴达木河、查汗乌苏河、拭拭香卡河为最大，统计水量较之甘肃洮河有过之无不及，水势浩荡，多向西北流，沉入沙中，窜为源泉，成为大通河发源地。又地属高原，海拔三千一百余公尺，环山海拔四千六百余公尺，原系沙漠性，雨量缺少，山上气候寒冷，云雾接触，即落暴雨，成为山洪，一日数次，波涛汹涌，势甚猛烈，每年雨量高达五丈有余。环海一带，河流有布哈河、哈拉西纳河、罢色河、郡子河、巴罕乌兰河、伊克乌兰河、载河、大力麻河、倒淌河、小水支河不计其数。内中布哈河、郡子河为数最大，统计水量亦不逊于洮河，均入于海，间接窜为泉源，成为湟河发源地，县境沿河环海一带，可耕之田畜牧之地极多，气候温暖，水草丰美，只因民众无力开渠，水利不兴，任其洪水泛流，无法吸收，由高源尽量窜流下游，势同建瓴，致为灾兆之根由。若能拨款移民，实行垦殖畜牧，沿河一带，洪水尽量引入渠内，灌溉农田，环流一带洪水，灌溉牧草，如此举办，可能归纳洪水于沃野平壤之间，扩散水分，虽蒸发复降，仍为循环，不致暴流灾兆直可减少大通河、湟水河之源泉，而杀下游黄河之水患，并为复兴办村治本之原则，诚一举而数利浅。

三、湟源

查黄河发源于青海，经数千里而始达甘肃境内，而青海各县支流，统归黄河，各县沟渠原泾灌溉田亩，既借支流为农田水利，而千岩万壑，山水暴发，汇流入河，又在增加水位，波涛汹涌，酿成下流水患。兹仅本县兴办水利数事，计划如次：

湟源为青海谷地，山岭高寒，沙迹斥卤，平原绝少，农业荒芜，所产粮食，不足以养本县。全赖西宁大通各县运来粮面，以资接济，人民所资以为生活者，以青海蒙番来湟贸易，为全县人民养生之需。近年受世界经济不景气影响，商业停滞，阖境人民，无以为生，而农村更形破产，各乡十室九空，号寒啼饥，鸠形鹄面，衰残气象，大半过非人生活。于是向之资商业为生活者，不得不亟谋振兴农业本务，俾多需人，由商场而返田亩，从事农耕，以劳力所获借升斗而苏涸辙。然水利不兴犹耕石田，湟邑山坡旱地，凡居百分之九十以上，而水田不足百分之十。所谓水田者，土厚不过数寸，其下尽属石沙，以前无有沟渠，徒以地质瘠薄，终岁勤动，所获无几，不足以考农民之勤奋。故旧有沟渠，大生淤塞，今城市商业既形停顿，不得不转而力农，以谋糊口，旧有沟渠，宜先疏浚也。然饥疲之民，难差其枵腹从事，宜先责成各乡绅董，分段修复，劳作之人，酌资口食，因民之利，以工待赈。渠身务宽而且深，堤防宜坚而且厚，务为远大之谋，不作苟且之计。全境水渠，合计需工不下万人，每工以三角计，约需三千余金；闸板高槽木料等需，尚不计焉，添凿新渠以增加水田也。

《新青海》第三卷第十二期，1935年12月，第57-59页。

青海河流之调查①

一、黄河

    黄河为我国之第二大川也，全长八千八百余里，发源于巴颜喀拉山噶达素齐老峰下，番名玛曲，系蒙古柴达木地。东流娘磋北境，纳折戈河长云河水，潴为星宿海，该海千泓并涌，望若列星，由此东流，入扎陵湖，有喇嘛托罗海之多庸河、气尔撒托罗海之惹牙五河等来会，复东流潴于鄂陵湖，有土尔根河，贾五河等流入。（扎陵鄂陵两湖亦称海，为淡水湖，周皆约三百余里，高海面一万二千八百尺）出娘磋境，入果洛番地，至尔津地，有珠扎泊库三河及敖罗布池之水自南北注之。至黄河沿附近，可可马湖及阿云朵马湖等水，又东南流，南有考考乌苏河、打日各河，北有噶尔志河注入。又东循，流二百余里，南有哈哈隆河、特拉河，北有可合庸河注入。至昆干以东，买河及四川之德特坤都伦河、都尔达都坤都伦河、多拉崑都仑河注之。至此曲折而北，循大积石山北流，经同仁贵德之界，东与石大五麦仓族、大泽加族、汪什代克二马族、阿里克巴族、拉安九族等地，有下秀河、果合庸河、胡鲁木苏河、结博河、呼呼乌苏河、克哈柳图河及巴庸河等水，分别自东西来会。至公洼他尔代克九族，复折而东北流，形成贵德、共和之天然划界线，贵德境之什尔郭里河、杠拉沟、沙沟等水，共和境之卡卜卡河、贡朵泊切吉河等水注之。再东流，入化隆、循化境，有隆务河、又巴燕戎格河自南北往之，贵德新筑有浮桥，循化之什群峡，亦建修卧桥，过渡称便，复东流，出民和南境，而入甘肃境矣。

---

    ① 此篇文章有大量地名、河流名、族名等，为尊重原文，核对后再无改变。

二、长江

长江为我国第一大川，亦即亚细亚洲之第一长流，长逾千里之大支流，直接间接注入者不少，故其河道深广，水量宏富，全长九百余里，蒙名乌鲁木苏河，番名各曲，普通名通天河。源有三：一是中源为正源，出务当拉岭北麓，其他名曰州曲公喀，有勒科尔乌兰达布逊山之额齐乌兰木伦河、固尔班布罗齐山之庄门格河、卡色格能屯滩之朵乃米河、锅汁乌兰托罗海山之托克托乃乌兰木伦河等自东北方来会入，日通那马滩之八日河、郎云屯滩之郎河等，由南注之。二是北源出于巴颜喀拉得里奔山之那木齐图乌兰木伦河，东流千余里，经查汉托罗海，汇于中源。三是南源出于中坝班马族东，卡峡嘴山那尺山之阿克达木河，西北流经招大麻、纳沙东河、大车湖等水，越札西当屯滩、当拉岭之茶河、执火庄争河、崩小河、邦德马河、胖朗河自南注入，约六百里折而北，流为当木云河，而汇于中源。

三、雅砻江

雅砻江上流番名咱曲，一作雅砻江，即古若水，源出于迭喀桑北境巴颜喀拉山南麓。有源二，一曰东群曲河，一曰咱曲河。上源曰鄂格布拉格河，东南流经白力得马族牧地，单云河自东北来入之，又东南流至巢弄通盘，智曲水自西来入之，复东流自竹节族牧地，受竹节寺一小水，列旦公马水、列旦班马水、列旦朵马水则自东北来入之，折而东南流经休马寺，西毛瓦云水自加流山北，流来注之，再东南流，右受喀耐寺、情错寺二水，经蒙古尔津、永夏、休马、白力麦马、白力得马、竹节、歇武等族地，名为玛楚河，东南流至喀木多出境，入西康石渠县界，马茂河、谢楚河注之，即为小金沙江。流至川南会理县，注入金沙江矣，三源合于底楚拉巴敦地方，是为通天河。东流综举百户牧地，北有曲马来云河，南有木哥河，出群科扎西启瓦地方流入，又东至牙各张喀地方，牙云河自南往之，绥苦苦赛尔桥，北有冈吾河，南有科遗云河入之，再经将赛族，有娘磋族之曲水、蒲通水，色吾河登崔那云水自北来会，叶卡水、登俄陇水自南来会，东流至冈洒寺。北有柏木科水出扎西拉山自南来之，娘磋南环，有巴朗水自东北来入之，东南流，代乃曲水自北来会入，至固察种毛藉庄，协曲水自北来，折而南流，达隆山之固察河、称多河，自北来往之，义水经安冲族自南注之，折而南流，至本领庄西南，折而东流，至增勃庄南，又折而南流，至蓝达庄西，汤陇水自西流入，拉布河自东流入，南流至迭达之旦达庄，东摺西科水自西来入之，东南流经迭达庄西，又南流至叶勃庄西南，折东流直至布达庄南，歇武沟水自东北来入之，色科沟水自北来入之，东南流，结古水自西来入之，至夏达庄出境，入西康邓柯县界，是为金沙江，即长江之上游也。

四、澜沧江

澜沧江上流有二源：北曰杂曲河，南曰鄂穆曲河。杂曲河发源格吉西北境果瓦拉沙山麓，自南北二源，南源曰杂那云，北源曰杂朵云，二水东流至西拉贺寺之西相合，名杂朵拉松多杂多拉水，东南流至阿杂松多。阿云水自西南连之，瓦裹郎水南来入之，又东流经儿鲁寺、作庆寺之南，受六水，右受一水，又东勃弱水自北来入之，又东南流，庆摸云水自东北来入之。朵尼云水自西南来入之，又东南流，群摸水自东北来入之，又东流。班木云水自西南来入之，又东入囊谦境，倒泽云水自南来入之，折东北流，多各觉水自北来入之，又东流，经达朗喀庄北。又东果鲁云水自南来入之，又东入觉拉寺境。年曲水自西北来入之，又东流经觉拉寺南，又东南流，左受三水，右受三水。又东南顾且云水与觉云水合流自东北来注之，又东经朵衮云地方南，右受一水，又东仍入囊谦境。喀拉陇水自东北来入之，又东南流，至坎达庄西。龙光峡水自东北来入之，又东南雪陇水自西来入之，又东南经古特知庄南，又东南至宗咱庄东。强西云水自西来入之，叶浪朵峡水自东来入之，又东经苏尔莽境出界，至昌都之达赖喀庄。左合子曲河又南流至昌都，与鄂穆曲河合，是为澜沧江。

子曲河发源格吉东北境之叩勒马朵拉山之北麓，名子庆云、东流子，当得郎水自西北来入之，又东朵种工玛水自北来入之，又东至子野墨松多子，辟云水自西南来入之，又东流左受子借木郎水，右受三水，又东流左受子革马水，又东南流，右受一水入拉休境，简仓曲水自北来入之，又东达木云水，右挟二水，自东北来入之，又东流左右各受一水，又东流庆科水自北来入之，又东流右受一水，折东南流，多拉马果水自北来入之，折南流，色拉陇水自西来入之，又南至落果惹瓜，陇曲水自东来入之，又南流，榜曲水自西来入之，折东流，左受龙牙朗、惹辟朗二水，入苏尔莽境，屈曲东南流，右受将喀郎水，又东南至吹灵多多寺西，咱辄云水自东来入之，又折而南，又折而西，至囊载寺东南，药曲水自西来入之，又折而南流，经朵登寺西，左右各受一水，又南姚那云水自西来入之，又南至多忍多庄，东姜云水自东北来入之，又南出界，入川边同普县境。左受改曲河，西南流至昌都之达赖喀庄，入杂曲河，曹曲水源出扎武境内，有东南二源，西源出恩扎拉山，曰建曲。东南流经拉午寺南，又东南至柴问多通，与东源会源，出果拉山，曰协曲。南流经东错寺东，又南与西源会，是为曹曲。东南流入苏尔等属地，经德色提寺东，又南经俄洛达庄东，又南出界，入川边同普县环，至曹改松多，与改曲会，又西南入子曲。

鄂穆曲河，上流名解曲，发源藏边琼布纳鲁木他马族，北界当拉岭东北麓，有东西二源，东曰穆云，西曰桑云，东北流至中坝境，穆桑巴吾松多合流，又东北流至保吾野永松，多保云水自西北来入之，折东流，左受二水，又东巴儿俄郎水自北来入之，又东经更那寺南，又受二水，又东经龙寺南，北受一水，邦乃郎水自西南来入之，又折东南流，邦群云水自东北来入之，又东南钧曲郎巴那郎二水自西南来入之，又东至囊谦西南境，姚云水自北来入之，养云水自南来入之，又东南雅木曲水自南来入之，又东南桑木曲水自南来入之，自此以下，名鄂穆曲。又东南经辋布结朗庄之南，又东至巴色果庄南，及云水自东北来入之，又东南流有多惹郎、哈冷郎二水自北来入之，又东南莫曲水自西南来入之，又东南经挞哈寺北，又东南出境，入类鸟齐巴屑族地东流，左受一水，又东轻改九寺北，又东南流至莽达寺西，巴儿曲水自囊谦来南流入之，又东南流至昌都，与杂曲河会。巴儿曲水，源出囊谦西境朵纵拉山，南北二流，至拉庆寺合流，东注经各尼巴地方，北受一水，折东南流，玳瑁寺水自东北来之，又东南名巴云，又折东流，至当巴拉陇，当云水自北来入之，又东流左受一水，折东南流经囊谦千户所驻色鲁马庄之西，有小水自东北来入之，折东南入一石峡甚险要，约一里出峡，千宗朗水自西南来入之，又东南流至干达寺西南出境，又南流至昌都之莽达寺，西入鄂穆曲河。

五、索克河

索克河蒙名哈剌乌苏，即怒江之上源，其源有二，曰萨温河，古又河。萨温河源出当拉岭，即当沙买拉山，分二支源，合流称萨温河，东南流，纳木鲁长前河，复东南流，经苏鲁克族旧游牧地，富若河、戈保河、鲍河等水，自此来入之，折而南流，与古又河会合，古又河源出拜都岭，东北流约千余里，会于萨温河，东北流，沙宅河自北流入，折而南流，入西康境，名衡楚河。

六、柴达木河

柴达木河，发源于布青山西北麓扎逊池，西流名拜河，经班禅游牧地，阿拉克池水，由南来越霍硕特西右后地会入，西北流，哈拉乌苏河、乌拉斯河、白河、那莫浑河等水自南由霍硕特西右后、西左后、西右中等旗地注入，哈拉湖水自西来入之，别得勒之三望河、拜葛尔河等，自北来入之，折而西北流，乌藏乌苏河、布隆吉尔池之布隆吉尔河自东北会入，流潴于达布逊湖，长凡千数百里。

七、布哈河

布哈河源出于布哈山之英额池，东南流，哈拉西纳河自北来入之，经汪付代克三族地，沙尔池水自西来入之，霍硕特北前旗之罗包河及霍硕特南左后旗之郡子河自北来入之，东流注入青海，而为入海之第一大水。（按：注入青海之水，有巴罕乌兰河、伊克乌苏河、戴沙河、大力麻河、倒淌河等）

八、大通河

大通河古称浩门水，发源于祁连山脉之集鲁肯山南，上源系一大池水，经八宝、俄博境，金羊岭之硫磺河自北来入之，东南流，经永安城，黑沟河自南来入之，南达坂山之黑水河自此来入之，经青石崖黑石头等地，石嘴子之白水河及老虎河自北来入之，复经门源东流，大沙河、麻尔沟水、克图河、桃拉河、他里化河及朱古寺峡水等，自北来入之，水势浩大，折东南流，入甘肃境，经西大道、窑街，复折入青海之享堂镇，与湟水会流，至新城注入黄河。

九、湟水

湟水源有二，一支发源于土尔扈时南后旗境之大雪山，番名博罗充克克河，蒙名哈达乌苏，东北流合日月山沟泉河自东南流至城东，有药水自西南来注之，名南河，是为湟水南源。一支发源于刚察八族之东噶尔藏岭，《明志》谓之热水山，蒙名卡力盖，有三泉，一曰伊克乌拉古尔台，一曰土尔根乌拉古尔台，一曰察哈乌拉古尔台，南流二十余里汇而为一，名崑都仑河，有巴哈图河来会，东南流合土尔根察罕河、杨家河至胡丹度，合毛尔吉河东流至湟源城南，名西河，是湟水西源，合南源称为湟水。折而东流出西右峡，入西宁境至镇海堡，西纳川、云谷川、马中河、康缠河等水，分自南北流入，东流至西宁，有北川河自北来会，北川河发源于大通县察汗鄂博图山，上游名黑林河，至大通城，有峡门堡、衙门庄等处水注入，至新城，名北川河，南流抵西宁，南川之麒麟河，自南来会，自此水势始盛，顺城北东流，名西宁河，通称北门大河，复东流，纳沙塘川河，出小峡，互助县境之哈拉直沟、红崖子沟等水自北来入之，出大峡，顺乐都城南东流，名洛都水，亦名碾伯河，有瞿昙寺等处数小水分自南北往之，出老鸦峡，至民和县，南有芦草沟、米拉沟、巴州沟诸川水，北有纳龙沟诸川水会流，至享堂，与大通河合流，入甘肃永登县境，至新城入黄河矣。（考《汉志》谓临羌县西北塞外，有海盐池者，则湟水所出，东至允吾入河；《元和郡县志》谓湟水一名乐都水，出青海东北乱山中，《水经注》谓湟水东经乐都城南，东南流）

《新青海》第四卷第六期，1936年6月，第45—50页。

苛政压迫下青海乐都县
人民负担调查

/ 李伯玉

一、国家税

（一）地丁粮

全县地丁粮共仓石正粮三千九百一十四石一斗七升三合二勺，内由逐年水冲、山崩、沙压、泥漠不能耕种，蠲免仓石正粮七百八十六石八斗三升一合五勺，现实应征屯粮仓石正粮三千一百二十七石三斗四升一合八勺，番粮仓石正粮四百三十石三斗四升六合九勺，随征耗羡粮仓石四百六十九石一斗零一合三勺，盈余陋规粮仓石三百二十石一斗九升二合，经费粮仓石二百七十七石八斗八升四合。民国二十年奉财政厅令，地丁粮以本四折六征收，每石以九元合起，加附征各项计算每仓石一石，征洋十元四角四分，而县政府一律照十元七角征收，浮收二角五分，全县折洋二万三千元，浮征洋四百余元，除正额呈解财政厅外，其余尽为县府官吏中饱。

（二）地丁草

每年实征十万三千一百四十七束五分二厘三毫，财政厅令每束草折洋一分九厘，应征得价洋一千九百五十九元八角二分九厘，实际县府每束草征铜圆四十二枚，合洋五分五厘，浮收两倍半，除照定额呈解财政厅外，其余亦尽为官吏中饱。

二、地方款粮

（一）地方杂款

民国二十一年地方杂款共派出二万四千元，派出名称及支出确数如下：

支出机关	派出款数(元)	县政府支出实数(元)	备注
司法公署	2400	2160	—
县党部	800	300	—
公安局	4700	4700	—
各区公所	5000	4900	—
建设局	860	600	内拨支教育局经费洋200元
粮秣柴草股	800	600	—
县立各高级小学校及留学生补助费	2000	2000	—
修理仓院法署费	500	—	—
电话费	200	—	—
补助师范经费	200	200	—
政警服装经费	1900	800	—
政警队长教练生活费	800	—	—
县政府催款委员经费	300	—	—
乐都中学校	2000	2000	—

以上四项，共派收二万四千元，实支出一万八千七百六十元，下余五千二百四十元，亦有累差不能征齐者当在二千元，其余尽为县长中饱。

（二）支应粮

民国二十一年县政府共派出消耗粮乐升一百零三石，专作支应来往办公军官及各区公所食用，除区公所共支出十八石外，其余尽由县长支配，此中自不无弊病。

（三）交际费

元月至八月止，前县长马师融宣布县府民国二十一年交际费共支出一千元，在财政厅拨发之维持券项下扣用，惟查省政府以乐都来往人繁特，于县府全年准支交际统一千二百元，此款能否用尽，尚属疑问，而有另征显，系尽入个人私囊。

（四）税契款

县府随时派员下乡，责成乡长，挨户搜查契约，估价税验，贫困乡庄，赇买委员，只纳税款，不再税契，结果款为官吏鲸吞，而契约仍旧。今年十二月间县政府派出大批委员四处搜约，雷厉风行，至今尚未结束，但据一般观察，民间明暗，实出税款，已超一万余元。

查乐都县政府，对全年收支财赋，从无公布，并严守秘密，外人实难探悉，以上各项，仅为调查得知者，即见黑暗层层，鲸吞中饱，视以为常，其余陋规浮收情事，随时皆有，惟原本多难探明，无从叙述。

三、全县人民负担粮草税款之名称数目及征收方法

民众每年负担粮草税款名目甚为复杂，现仅就民国二十一年全年之负担数目，及征收方法特分述之：

地丁粮：折色每石以十元七角征收，六成共征得洋二万三千元，粮以乐升二斗完粮，一石四成，共收粮二百八十石。

地丁草：草每束征收铜圆四十二枚，合洋五分五厘，全县共征得洋一千九百五十九元。

兵价洋：民国二十一年八月间省政府派到学兵二百名，送交第九师，而每名学兵民众以三百元雇交，总数当在六万元，而师部有时只要兵价，并不要人。

地执照税：由乐都清赋分处抽丈第一区地亩，每张执照均征洋一元，共征得照税二万九千元，但执照至今未发。

地方杂款：由县政府共派出二万四千元，分春秋两季征收。

营买粮：省政府派到二千八百石，县府按差派出，陆军第九师司令部派员自

行到县催收，名为买实不发价之苛索。

营买草：省政府派到一百四十万八千四百斤（三斤折一斤，当在四百二十二万五千二百斤），由县府按差派出，第九师司令部派员催收，亦系买而无价之支应。

印花税：乐都产销局全年共销印花五千元左右，县府除销收状纸一千元外，并分派人民两千余元，乡间人民，对印花毫无用途，故多粘贴于壁，以示无用。

税契款：县政府派出委员下乡，搜查契约，人民明暗交纳，明款项当一万余元。

杂税：粮草串票税、油磨税、当税、牙税、科金税，共征洋三千五百四十元，由县呈解财政厅。

交际税：由维持券次下扣支一千元。

支应粮：共派收乐升一百零三石，内有各区公所食粮十八石，其余为县长食用，及支应办公军官。

支应柴草：共派收柴二百万斤，草三百万斤。

产销局税：布匹、烟酒、皮毛、油等，货由产销局征收，厘税亦当在八万余元。

粮茶税：凡出境粮秣由粮茶局按章征税，据该人声称，本年共征洋二万三千元之谱。

支应税：县府全年派出之骡夫，专支来往军队，及修理公共道路，并委员下乡之招待路费，最低限度，当在七万余元。

乐都全县人民负担粮草、税款一览表
（民国二十一年份税款以元为单位，粮以石为单位，草以斤为单位）

地丁粮	折色23000元，本色1400仓石
地丁草折洋	1959元
征兵费	60000元
地执费	29000元
地方杂款	24800元
营买粮	2800石

营买草	42252担
印花税	8000元
税契款	10000元
杂款	3540元
交际费	1000元
支应费	103石
支应柴草	草3000000斤，柴2000000斤
产销税	86700元
粮茶税	23000元
支应税	70000元

统计以上全县人民负担款340999元，粮宁升2800石，粮乐升103石，草225200斤，柴20000斤。

人民实至无力担负之绝境，农村破产，市面萧条，人人呻吟痛苦，县府催款粮之秘诀，亦惟有非用刑吊拷，情极悲惨，未来结局，诚不可设想。

四、有无预征情形及其预征之年度方法与总额

人民全年负担，已至无法纳清之境，一般贫困农民，离农村奔往城市，及他乡逃荒形势，日渐严重，故并无备征情形。

五、裁厘后之其他税款名称及征收方法

民国十九年中央明令裁厘后，青海改变名目，名裁实存，将旧日之厘金局，改为产销局，专司征款，其主重征款名称如下：

皮毛税：每担应征正额上等四十五元、中等十三元、下等六元。（原有专征局卡）

烟酒税：烧酒每担征洋十元八角，黄烟征洋一元六角。

绸缎税：绸缎、丝货类每担征洋六十元，川丝货每担征洋四十五元，绸货类每担征洋三十七元五角。

布匹税：布匹每担征洋九元。

印花税：凡销售十元以下者贴印花四分，十元以上百元以下贴印花八分，百元以上至五百元以下者贴印花一角。

屠宰税：杀牛一只征洋二元，杀猪一只征洋一元，杀羊一只征洋三角。

牲畜税：以值百抽五为标准，每百元征洋五元。

杂货税：海菜类每担征洋六元，杂货每担征洋三元六角，他如山货、妆饰品、家具、药材等类，均以市价值百抽五征收税款。规定章程如是，惟征税人员，多额外乱索，渔利中饱，苦累商民。故凡贩运货物者，则依数缴纳，不敢少违，如发现偷运及不报情事，一经查获，当罚以重款，此重罚欤，任情滥索，漫无规定，当视局长个人意思以为断。

六、各种征收税之计算法并有无弊端及有地无粮有粮无地与不报免征等事

凡县府征收之粮款，除地丁粮按照红案列载数目征收外，其余款均以差分计算平均分摊，计算全县原有差分二百三十八分五厘二毫，新垦田地又加差分十三分三厘，共有二百五十一分八厘三毫，此种差分之划分，按粮折足原无轻重之悬殊。但历任县长，多存渔利之图，借平均差分，以均负担之美名，而行敲诈之实，以贿送金钱之多寡，为加减差分之标准，渔利中饱，弊端百出，再加以累差及新垦差分不定，为词浮派浮收，习以为常，致民间迭起纠纷，词讼不息，损失不可数计，苦累人民，莫此为甚，而县政府对差分确数，始终不明白公布，外人无从探悉，兹调查得现各区原有差分，及新垦差分列表如下：

区别	原有差分	新垦差分	统计
第一区	81.13	2.9	84.03
第二区	79.43	5.3	84.73
第三区	77.98	5.1	83.08
总计	238.52	13.3	251.61

有粮无地者，计全县共有五百七十八亩，计第一区有二百四十八亩，第二区有六十六亩，第三区有二百六十四亩，均靠近湟水两岸为水冲走，但地丁仍存，各种粮款，县府照例摊派，地主依旧完纳。有地无粮者，各乡均有，而尤以山脑新垦荒地为多，但人民见于近年差徭繁杂，诚恐官府查明升科，列以粮款，致重负担，故多方瞒昧，不使外人得知。故此项调查，限于事时，无法查明。

七、有无鸦片公卖情事及其他征税情形

乐都自民国八年以来，因在青海军政当局禁种鸦片命令之下，境内从未种烟苗，惟以地连甘肃永登、凉州、皋兰等地，烟土自易运入，而政府对贩运吸售不及禁止，故染此祸者，日渐增加。自青海划为行省后，省政府主张寓禁于征之办法，鸦片公开买卖，各县设立禁烟分局，专对贩运公卖，实行征税，兹将乐都禁烟分局征税情形特述如下：

一是对市面禁烟售药（即鸦片熟膏）之官膏局，按照营业情况，制售药执照，分为三等填发，甲等每月征税二十六元，乙等每月征税十二元，丙等每月征税六元，名为禁烟，实为倡卖。

二是乡间按照乡庄之大小，搜寻私人包售，分为二等征税，甲等每月征税洋十六元，乙等每月征洋八元。

三是凡由外面运贩烟到乐后，由贩主持烟到局报告数目，经局长检查实数后，填发四联凭单及标记，每百两征税二十五元，附填凭单洋一元，标记洋三角，不足五十两时，得按烟数，每两征税洋二角。

四是局长每日派出稽查分赴各乡查获私运烟贩，严刑吊拷，以征款之数三倍或五倍处罚之。

五是每月局内收到省城禁烟局发售之烟土，分发市面，禁烟售药之官膏局，按照市价收款。

乐都县负担粮草税款调查表

类别	目别	全年负担数	征收方法
正粮	屯粮	三千一百二十七仓石	六成折色征洋二万三千元,四成本色征粮一千四百仓石
	番粮	四百三十仓石	—
附征粮	耗羡粮	四百六十九仓石	每正粮一石随征耗羡粮仓斗一斗五升六合
	盈余陋规粮	三百二十仓石	每征粮一石随征盈余陋规粮九升
	五经税粮	一百七十七仓石	每征粮一石随征百五经费粮仓升五升
临时供应粮	营买粮	两千八百宁石	此项粮石由中央陆军第九师司令部派员到县催收
	支应粮	一百零三乐石	由县府按差派收,专支办公来往军官及区公所食粮
临时供应草柴	营买草	四百三十二万五千两百斤	此项草束由中央陆军第九师司令部派员到县催收
	支应草	三百万斤	由县政府按差派收专支办公来往军官应用
	支应柴	两百万斤	由产柴之乡供给
县府经征之款洋	屯草折价	一千九百五十六元	每束草征洋五分五厘
	粮草串票	一千六百元	由县府按差派收
	补助师范费	两百元	由县府按差派收
	油粮磨费	一千两百七十八元	全磨大油房每月各征税洋三元,旱磨小油房每月各征税二元
	税契及契纸价	九千九百三十六元	由县府派员催办每元照章征税洋六分,每张约据征契给税五角
	验契	六十四元	—
	印花费	八千元	由县府及产销局派销
	当税	五十元	当铺一座全年征五十元
	牙税	二十四元	每年由牙行向教育局交纳
	其他杂捐杂税	一千八百二十八元	诉讼罚款及科金等属之

续表

类别	目别	全年负担数	征收方法
县府经征之款洋	地方各机关全年经费	两万五千八百元	全县人民以差分多寡负担
	民间全年支应人役骡差捐失估计	七万元	各乡村以费用多寡按差负担
各局卡经征之款洋	产销局卡全年总收	六万八千七百元	照章于百货上征收
	粮茶局卡全年总收	两万三千元	于出境粮筏照章征收
其他	兵价	六万元	由人民以派兵数目自行催纳
	地照价	两万九千元	水田每六段征照税洋一元,山田每五斗征照税洋一元
统计粮	1.正粮共三千五百五十七石六斗八升八合七勺 2.附征粮九百六十七石一斗七升七合三勺 3.临时供应粮二千八百宁石一百零三石(乐都石) 4.柴二百万斤 5.草七百二十二万五千二百斤 6.洋三十一万七千九百九十元,加屯粮折价二万三千元,共三十四万零九百九十元		
备考	1.地方杂款本二万四千元外,加县长交际费一千元,政警两月饷银八百元,共合二万五千八百元 2.产销局粮茶局全年总放洋系从该机关调查得来,恐与实数不符		

《新青海》第三卷第六期,1935年6月,第41—48页。

青海互助县人民负担调查

/ 李伯玉

一、全县每年财赋缴收总额及其支出状况

本县全年财赋，计由折征项下缴收六万九千四百八十一元七角，印花杂项下缴收一万八千六百三十元五角二分，产销税项下缴收一万二千余元，粮茶税项下缴收一万三千余元，盐税项下缴收八千余元，禁烟罚款项下缴收七千二百元，统计各种项下全年共缴收十二万八千三百一十二元二角二分。全年支政务经费七千八百元，行政警察饷粮服装费三千四百元，公安经费四千五百六十元，教育行政经费九百三十五元，党费六百元，教育经费三千六百元，征收人员薪俸五千二百元，盐税解缴榷运总局八千元，禁烟罚款解缴禁烟总局五千四百元，余解财厅，此外清赋照费今年约计缴收二万元，清赋人员百分之六提成（计一千八百元），余二万八千余元缴田赋组。

二、全县人民负担粮草税款之名称数目及征收方法

本县人民负担之粮草费款计有二十二种，兹将名称及征收方法列表于后（见附表）。

三、裁厘后之其他税款名称及征收方法

裁厘以前各种货物税款征收之机关，谓之百货征收局。民国十九年中央明令裁厘后，虽经易名为产销局，其实各种税款之征收，一如前例毫无改变，普通货

物，大率值百抽五外附加义务捐二成、印花担头半成、票费等，统计约为"值百抽八"之数，独烟酒则不同，约为"值十抽八"之谱，再加以附税，则为"值十抽十"，如每酒一斤，值洋二角五分，抽税二角。

四、各种征税之计算法及其弊端

各种征税计算法，皆按章计算，而舞弊情事亦常发生，盖一般征收人之舞弊，率在罚款上从事，一般农民，如已有地稍多而弹于差徭之重者，则将所有之劣田送给贫民，但多拨粮草差徭，其余自然粮轻，或全无者，此种情事再不报，此次清赋后丈出，近年因秋涝过重，附近河边沟畔之田，多有冲没，是以有粮无地者亦在不少数。

五、鸦片公卖情事及其征税情形

关于鸦片虽将种植禁绝，而将运贩（多由甘凉者）不加严禁，只加重税率。每百两鸦片烟应征二十五元，加以义务捐票费印花共征三十二元之多，以税之重，贩者多行偷漏不报，征收方面，每月比较，自在不足。全县烟膏零销处三家，每家每月纳洋六十元，此外不足之数，分摊于各乡村。

青海省互助县负担粮草税款调查表

类别	目别	全年负担数	征收方法
正粮（仓石）	屯粮	四千九百六十九石四斗零三合五勺一抄	每年按折六本四催收折粮，每石折洋九元
	番粮	六百七十一石九斗二升二合	同上
	其他粮	民国二十年应行番粮升科五十六石	同上
附征粮（仓石）	耗羡粮	七百八十石一斗九升六合三勺五抄	屯粮每石附加一斗五升
	盈余陋规粮	八百五十七石七斗九升四合二勺一抄	屯粮每石附加一斗五升七合，番粮每石附加一斗零七合

类别	目别	全年负担数	征收方法
附征粮（仓石）	百五经费粮	二百八十四石八斗六升六合七勺	屯番百五经费每石附加五升
	随粮带征之地方粮	无定数	由县府派员征收，真额数无限制
临时供应粮（宁石）	营买粮	二千四百石	由师部派员催收
	支应粮	临时共支兵站粮每年需用五石余	每年兵站粮由营买粮内加扣支
临时供应草	营买草	无定数	由师部派员催收但无一定额数
	支应草	临时供支兵站草三千余斤	由营买草内扣支
县府经征之款洋	屯草折价	一千八百六十九元五角零九厘	屯科小草十五万一千零二十六束八分一厘四毫，每束折洋一分九厘，合洋如上数
	粮草串票	共六十元	每年由财厅清领串票三千张，每张价洋二分，合洋如上数
	附加法院经费	二千三百九十四元零一角一厘	屯粮每石附加洋四角四分，番粮每石附加洋三角八分，共合洋如上数
	补助师范经费	共七十二元	每年由民众摊收报解
	油粮磨费	共征一千八百元	每征获乙等油磨一百六十四座，每座征洋三元；丙等油磨六百五二座，每座征洋二元，共征洋如上数
	税契及契纸价	每年约收一千有余	—
	验契	每年约收一百元	—
	印花税	二千四百元	每年印花约收洋二千四百元
	牙税	四十元	每年短期牙帖十五张，征洋如上数
	其他杂捐杂税	八千八百九十五元	行征警察每年警饷及夏冬两季服装费三千四百元

续表

类别	目别	全年负担数	征收方法
	地方各机关全年经费	公安经费四千五百六十元,教育经费九百三十五元	公安教育经费五千四百九十五元,统计如上数
	民间全年支应人夫骡差捐失估计	每年应支九千元	每月煤二百五十辆,每辆估洋三元,合计全年如上数
各局卡经征之款洋	产销局卡全年总收	每年总收税一万二千余元	每年烟酒公卖费税七千余元,百货税二千九百余元,牲畜税二千余元,共计如上数
	粮茶局卡全年总收	每年共收一万三千元	—
	榷运局卡全年总收	每年共收八千元	全年可销青盐五万斤,每元可售六斤,计如上数
统计	粮: 1.共粮七千六百二十石一斗八升九合七勺七抄 2.屯粮正杂各粮六千七百七十石九斗七升五合九勺七抄 3.番粮正杂各粮七百七十石四斗二升一合八勺 4.新垦升科番粮正杂各粮六十四石七斗九升二合 草:共小草一十五万一千二百二十六束八分一厘四毫 洋:共计六万零六百三十元五角二分		

《新青海》第三卷第七期,1935年7月,第33—36页。

青海湟源县人民负担调查

/ 李伯玉

青海湟源县人民负担粮草税款调查一览表

类别	目别	全年负担数	征收方法
正粮 （仓石）	屯粮	—	—
	番粮	年纳番贡仓斗粮四百八十七石五斗三合五勺，又绩报新垦粮仓斗六石九斗七升，共粮四百九十四石四斗七升三合五勺	由县府照章征收
	其他粮	年纳新垦仓斗粮八百七十石一斗八升二合	此粮内群科旗东科寺、札藏寺等，自行坐扣地主粮三百五十石零四斗七升三合六勺，又东科寺坐扣津贴粮二百四十石之外，公家实入二百八十五石七斗零九合二勺
附征粮 （仓石）	耗羡粮	五百六十八仓石	每正粮一石，随征耗羡仓一斗五升六合
	盈余陋规粮	番贡粮八十二石八斗，新垦粮三十七石九斗八升	内县府按番贡每仓石一斗七升，新垦每仓石九升六合征收
	百五经费粮	番垦及新垦粮为仓斗三十九石	每届冬令开仓派员征收
	随粮带征之地方粮	—	由县府派员征收，但无一定限制
临时供应粮	营买粮	民国十七年征四百石，至民国十八年加至千石，以后年纳市斗粮一千石	由省军派员来湟征收
	支应粮	二百零九石	由县府按差派收，专支办公来往军官及区公所仓粮

续表

类别	目别	全年负担数	征收方法
临时供应草	营买草	由民国十七年起,年纳二千五百万斤	由省军派员征收
	支应草	四百万斤	由县府按差派收,专支来往军官应用
县府经征之款洋	屯草折价	二千八百九十五元	每束草征洋六分五厘
	粮草串票	十二元	由县府出役征收
	附加法院经费	四百一十六元六角一分八厘	由县政府每仓石征洋三角七分五厘
	补助师范经费	一百元	本年尚未筹定由县政府执支
	油粮磨费	三百七十五元	每届冬令县府按一百八十九盘,每盘征洋二元计算,只征洋三百七十五元
	税契及契纸价	—	查契税一项,多贫不一,近来愈形减少
	验契	—	系照财政厅所定红三百六办理
	番贡马价	—	无
	印花税	一千二百元	县政府按每月比较洋一百元征收
	当税	一百四十元	当商三家,两家年纳税各五十元,一家四十元,全年共洋如上数
	牙税	七十四元	—
	其他杂捐杂税	各牙行漏规一百二十七元六角,羊毛四成,牙用警察费八百元,各商摊收法院警费一千零二十五元	由县政府及公安局办理
	地方各机关全年经费	县政府经费、司法费、公安局经费、喇嘛衣单口粮,民国二十年度收一万一千三百七十八元五角八分,粮六百二十二石二斗六升二合	公安局经费现由商会筹拨

类别	目别	全年负担数	征收方法
	民间全年支应人夫骡差捐失估计	今年往大河坝运粮，至今已四次，每次人畜各五六百人，自备食物，损失牲畜约纳三百元	县政府奉省府令办理之
各局卡经征之款洋	产销局卡全年总收	民国二十年度收十九万一千二百余元	—
	粮茶局卡全年总收	民国二十年度收十四万零二百五十三元八角一分三厘	—
	榷运局卡全年总收	民国二十年度收五万七千二百六十六元	—
统计（粮、草、洋）	粮：地亩粮仓升一千五百三十一石三斗五合五勺，营买粮宁升一千石 草：共二十五万二千斤，共计一万六千五百四十八元七角九分八厘 洋：又各局卡经征总数为三十八万九千七百一十九元八角一分三厘		

《新青海》第三卷第八期，1935年8月，第39—40页。

青海各县人口面积税收等统计调查

一、全年税收

（一）经征所

西宁经征所全年二万三千元。互助经征所全年六万元。大通经征所全年六万元。乐郡经征所全年十八万元。民和经征所全年十二万元。湟源经征所全年二十六万元。贵德经征所全年三万六千元。鲁沙尔经征所全年三万六千元。共计一百一十三万二千元[①]。

（二）出入山税局

大通出入山税局，全年一万六千七百元。湟源出入山税局，全年十三万四千元。贵德出入山税局，全年四万一千七百元。同仁出入山税局，全年一万五千元。循化出入山税局，全年二千五百元。鲁沙尔出入山税局，全年二万四千五百三十元。上五庄出入山税局，全年一万六千七百元。共计二十五万一千一百三十元。

二、自治概况

西宁公民：登记男二万四千四百三十五人，女无。区公所五处，区长五人，区助理员十人。镇七处，正副镇长各七人，镇监察委员二十一人。全县共一百四十一乡，正副乡长各一百四十一人，监察委员四百四十一人。全县分七百八十八

---

① 共计实为七十七万五千元。

间，三千九百四十六邻。

互助公民：登记男三千一百四十人，女无。区公所四处，区长四人，区助理员八人。镇一处，镇长一人，副镇长二人，镇监察委员三人。全县共七十三乡，正副乡长各七十三人，监察委员二百一十九人。

大通公民：登记共一万五千七百七十六人，男二千一百零七人，女四千六百六十九人。区公所四处，正副区长各四人，区助理员四人。镇四处，正副镇长各四人，镇监察委员二十人。全乡分九十四闾，二百六十四邻。

乐都公民：登记共四百八十六人，男三百九十八人，女八人。区公所三处，区长三人，区助理员六人。镇五处，正副镇长各五人，监察委员六人。全县共六十一乡，正副乡长各六十一人，监察委员二十九人。全县分三百八十三闾，一千九百零一十五邻。

民和公民：登记共五百六十一人，男五百五十四人，女七人。区公所四处，区长四人，区助理员六人。镇五处，正副镇长各五人，监察委员十一人。全县共七十五乡，正乡长七十五人，副乡长七十三人，监察委员二百二十二人。全县分二百九十七闾，一千四百八十五邻。

湟源公民：登记共六百四十七人，男六百四十二人，女五人。区公所三处，区长三人。镇一处。全县共二十二乡，正副乡长各二十二人，监察委员十二人。全县分七十闾，八百四十六邻。

贵德公民：登记共男一千零五十六人，女无。区公所三处，区长三人，区助理员三人。镇三处，正副镇长各三人，监察委员九人。全县共二十八乡，正乡长二十八人，副乡长十人，监察委员八百四十二人。全县分一百二十八闾，六百七十六邻。

化隆公民：登记共一万八千八百四十七人，男九千四百零九人，女九千四百三十八人。区公所三处，区长三人，区助理员一人。镇三处，正副镇长各三人。全县共二十九乡，正副乡长各二十九人。全县分一百五十七闾，八百二十一邻。

共和公民：登记共男一万三千零八十二人，女无。区公所六处，区长六人，区助理员五人。镇二处，正副镇长各二人，监察委员一人。全县共三十九乡，正乡长三十九人，副乡长四十三人，监察委员一百一十七人。全县分二百零二闾，一千零一十二邻。

门源公民：登记共男四百八十二人，女无。区公所四处，镇一处。

都兰区：公所五处，区长五人。镇五处，全县共十二乡，乡长十二人。全区共三十二闾，二百邻。

循化区：公所三处，区长三人，区助理员三人。镇二处，正副镇长各二人。全县共十八乡，正副乡长各十八人。

以上总计全省共计登记公民七万八千五百一十二人，男六万四千三百零五人，女一万四千二百零七人。区公所四十七处，区长四十七人，区助理员九十六人。镇三十九处，镇长三十二人，副镇长三十三人，镇监察委员十一人。共五百三十六乡，乡长五百三十六人，副乡长四百八十人，乡监察委员一千二百二十四人。共二千二百五十一闾，一万零九百七十六邻云。（按：本省各县区公所已于日前由民政厅明令取消，上项数字，系各区公所未取消以前之统计）

三、警察机关

省会公安局：直辖三署，警员二百六十七名，枪械五十支，月支经费四千二百三十七元。

互助公安局：警员四十一名，枪械十一支，月支经费四千三百七十五元。

大通县公安局：直辖分驻所二，警员共三十八人，枪械二十四支，月支经费三百三十九元。

乐都县公安局：直辖分驻所一，警员四十八名，枪械十支，月支经费四百八十六元。

民和公安局：直辖分驻所一，警员共三十四名，枪械十三支，月支经费二百四十九元。

湟源县公安局：警员三十八名，枪械十八支，月支经费三百二十二元。

贵德县公安局：警员三十四名，月支经费二百二十四元。

化隆县公安局：直辖分驻所一，警员共三十八名，枪械二十四支，月支经费三百三十三元。

循化县公安局：警员二十四名，枪械十二支，月支经费一千九百二十六元。

共和县公安局：警员十五名，枪械十二支，月支经费二百一十元。

门源县公安局：警员十名，枪械五十三支，月支经费一百八十九元。

全省共计三署：分驻所五处，警员五百九十七名，枪械三百二十七支，经费七万一千一百九十一元。

附注：西宁县以省垣有省会公安局，未另设县警察机关。同仁、都兰、囊谦等县，因经费困难，均未设立警察机关。玉树县公安局组织情形，因未造报告从略。

四、救济概况

青海省救济院，职员共计十人，院长一人，主任三人，医师一人，其他职员四人，其内部组织如下：

养老所：经费二百六十元，收容人数现有三十一人，最多时曾达四十二人，最少时为二十八人。

孤儿院：经费三百二十元，收容人数现有五十五人，最多时达到七十八人，最少时三十五人。

残废所：经费二百五十元，收容人数现有三十五人，最多时为三十五人，最少时二十一人。

育婴所：经费八十元，收容人数现有八人，最多时为八人，最少时为五人。

施医所：经费二百零五元，施诊人数未详。

贷款所：基金二千元，贷出款数一千三百一十六元，收回款数四百一十五元（民国二十三年六月至十二月）。

施材掩埋所：施材七十二付（民国二十三年六月至十二月）。

五、仓储概况

（一）西宁县

共有四仓。第一县仓储藏青稞一百一十九万六千石，小麦二万三千石，蚕豆三万六千石。第二县仓储藏青稞四十八万七千六百九十石，小麦一万七千六百零六石，蚕豆六十一万一千一百六十五石。第三县仓储藏青稞三万九千七百三十石，小麦七万二千零四十八石，蚕豆五千零四十一石。丰黎义仓储藏青稞五十四万六千三百三十六石，小麦九千一百四十九石，蚕豆三万七千零六十六石，大豆一万五千一百七十八石。

（二）互助县

县仓储青稞二十五万一千七百九十六石，小麦六万一千一百五十四石，蚕豆五万九千二百四十二石。

（三）大通县

共有三仓。第一县仓储青稞三百一十六万八千一百一十八石。第二县仓储藏青稞七十七万八千零八十七石。丰黎义仓藏青稞六十四万八千四百五十二石，小麦六万三千六百四十二石，蚕豆二十七万二千一百零三石。

（四）乐都县

共有三仓。县仓储藏青稞五十九万九千二百零二石，小麦一百三十万零五百三十石，蚕豆十万一千石。丰黎义仓（储谷因未造报无法统计）。惩忿社仓（储谷因未造报无法统计）。

（五）湟源县

县仓储藏青稞二百九十万二千三百一十七石，小麦九万一千六百八十石，蚕豆七十八万五千八百二十八石。

（六）化隆县

县仓储藏青稞五万石。

（七）民和县

共有三仓。裕民社仓，丰黎社仓，惩惩社仓，皆因未造报故无法统计。

（八）贵德县

县仓储藏青稞十四万七千六百八十七石。

（九）循化县

县仓储青稞八万八千六百六十七石。

（十）共和县

县仓储藏青稞四万四千石。

（十一）门源县

县仓储藏青稞二十九万二千七百八十四石。

（十二）同仁县

县仓储藏青稞五万五千石。

（十三）都兰县

县仓储藏青稞三万四千石，小麦一万四千八百石。

合省共计社仓二十二，所储青稞一千一百二十二万五千八百六十六石，小麦一千六百五十三万六千八百零九石，蚕豆一百九十五万二千六百四十五石，大豆一万五千一百七十八石。

六、骡马调查

（一）西宁

产马一千五百二十五匹，输入三百七十五匹，输出一百二十八匹。骡四百四十五头，输入五十六头，输出一百四十二头。驴一千八百四十七头，输入一百五十一头，输出九十七头。牛九百六十只，输入一百二十只，输出八十九只。

（二）互助

产马二千匹，输入一百匹，输出二百匹。骡一千头，输入一百头，输出一百头。驴一千八百头，输入一百头，输出一百头。牛二千只，输入一百只，输出一百只。

（三）大通

产马九百九十九匹，输入一千七百匹，输出一千九百匹。骡一千一百头，输入九十头，输出八十头。驴九千五百头，输入一千一百头，输出九千七百头。牛二万三千三百只，输入二千二百一十只，输出二千二百四十只。

（四）乐都

产马六百九十匹，骡一千二百九十头，驴九百二十七头，牛一千六百七十只（输入输出均不详）。

（五）民和

产马二百六十匹，输入一百五十匹（输出不详）。骡八百七十头，输出五十二头（输入不详）。驴七百二十头，输入二百三十头（输出不详）。牛一千只，输出七百二十只（输入不详）。

（六）湟源

产马三十二匹，骡一百八十六头，驴一千五百四十六头，牛八百五十只（输入输出均未详）。

（七）贵德

产马六百五十匹，输出一百二十匹（输入不详）。骡四头，输入五十头（输出不详）。驴一千头，输入二十五头（输出不详）。牛一千八百只（输入输出不详）。

（八）化隆

产马七百零八匹，输入一百二十匹，输出二百二十七头。骡五百一十七头，输入六十二头，输出二百二十七头。驴一千九百八十五头，输入二百一十三头，输出六百二十头。牛一千零九只，输出四百一十二只（输入不详）。

（九）共和

产马一千六百匹，输入二百匹，输出六百匹。骡二百四十头，输入八十头，输出二十头。驴二千七百头，输入二百头，输出二百八十头。骆驼六百三十只，输入一百一十只，输出五十二只。牛一万八千只，输出一千三百只（输入不详）。

《新青海》第三卷第九期，1935年9月，第43-46页。

青海各县之赋税

（大通、循化、共和、湟源、贵德、互助）

大通县赋税统计

项别	金额（元）	备考
屯粮	11900	仓升一千七百八十五石六斗一升,合价每石二十元
番粮	26560	仓升三千九百八十四石二斗五升一合八勺,合宁升每石价二十元
耗羡粮	2452	县政府每年于正粮之外附征耗羡粮三百六十七石八斗三升
盈余陋规粮	6500	县政府每年于正粮之外附征盈余陋规粮计九百七十六石
百五经费粮	1923	县政府每年于正粮之外附征百五经费计每元征五分
屯草折价	782	每年屯草折价
草串票	200	每年共需粮草票一万张,每张征洋二分,共如上数
附加高法院经费	2449	由县政府每年随粮附征转解法院
补助省立第一师校经费	500	由县政府每年随粮附征转解师校
油粮磨费	400	—
税契及税纸	980	—
验契税	12000	—
印花税	7900	—
番贡马价	39	—
牙税	8	—

项别	金额(元)	备考
其他杂捐捐税	3000	—
差役折价	7000	—
营买粮	72000	每年征收三千石,每石二十元,合如上数
营买草	11516	每年征收草二百三十万三千二百斤,以每元二百斤计如上数
支应粮	12000	每年需支应粮六百石,每石二十元,合如上数
产销税	14000	产销系厘金之变相,由省政府派员设局征收
粮茶税	4000	虽未蒙藏粮茶,而于百货莫不征税,由省府派员设局办理
榷运税	7000	—
总计	205159①	
说明	本表所列各项系就调查确查者言,其他苛杂尤复不少	

循化县赋税统计

项别	金额(元)	备考
番粮	2352	计正粮三百五十二石七斗四升一合八勺,每石二十元,合如上数
盈余陋规粮	100	附征盈余陋规粮计十四石一斗零九合八勺,每石二十元,合如上数
百五经费粮	66	—
营买粮	8000	征粮四百石,计价如上数
营买草	650	征草十三万四千六百斤,以一元二百斤计如上数
补助一师校经费	100	—
油粮磨费	420	全县其油磨二百一十产,每产每年二元
税契及税纸	540	县府设股办理,百分之六税,每张政费五角

①大通县赋税统计实为205109元。

续表

项别	金额(元)	备考
验契税	420	白契每张收税二元二角,红契每张收税一元一角,全年计如上数
印花税	1500	—
地方各机关学校全年经费	11748	—
产销税	23900	—
榷运税	500	—
其他杂捐捐税	3000	—
差役折价	2000	每年人民应支夫马差捐折价如上
总计	55296	

共和县赋税统计

项别	金额(元)	备考
番粮	4600	番粮计仓升二百三十石一斗一升八合,每石二十元
政费粮	3200	附征费仓升一百六十石
营买粮	8000	征营买粮四百石,每石二十元,计如上数(营买粮每石计重六百斤,各县所征皆同,仓升每石计重一百五十斤)
营买草	1000	每年征营买草二万斤
支应粮	600	民国二十年应支粮,合价如上数
支应草	20	—
粮草串票	2	—
油粮磨费	84	—
印花税	120	每年县府商会共销印花税约如上数
各机关全年经费	5274	—
差役折价	2400	每年支应夫马差折价如上数
总计	25300	

湟源县赋税种类

项别	金额（元）	备考
正粮	3296	仓升四百九十四石四斗七升三合五勺
新垦粮	5842	各寺院新垦粮仓升八百七十六石一斗八升一合
斛验粮	548	—
盈余陋规粮	806	计合仓升一百二十石七斗八升
百五经费粮	260	计合仓升三十九石
营买粮	20000	每年征一千石，每石六百斤，价计以仓石
营买草	1260	每年征草五万二千斤
粮草串票	12	每年县府随正粮附征
法院经费	417	每年县府随正粮附征
省立第一师范校经费	100	每年由县府会同各界商筹
油粮磨费	378	全县有油磨一百八十九座，每座年纳税二元
印花税	1200	县府商会每月按一百销售
当税	140	县府征收
产销税	200000	产销税即厘金，因接近蒙番收入，甲于全省
粮茶税	150000	因接近蒙番，故收入颇巨
榷运税	80000	因系产盐区域，故收入颇丰
公安警察费	1000	按每仓升附征七厘
区乡经费	548	按每仓升附征四厘
农会费	820	按每仓升附征六厘
差役折价	10000	民国二十二年往大河坝运粮差役
牙税	200	—
行政警察费	820	按每仓升附征六厘
清赋税	—	数目未详

续表

项别	金额（元）	备考
禁烟税	—	同上
验契税	—	同上
税契及税纸	—	同上
教育费	—	同上
建设费	—	同上
总计	477647①	其他苛杂尚多不详

贵德县赋税统计

项别	金额（元）	备考
屯粮	6602	合仓升九百九十石二斗五升九合四勺,每石二十元作价
番粮	896	合仓升一百三十四石二斗六升四合七勺
其他粮	44	合仓升六石六斗八升四合
盈余陋规粮	238	合仓升三十五石五斗九升一合
百五经费粮	150	合仓升二十二石五斗九升一合
屯草折价	6747	—
粮草串票	40	每年出串票二千张
法院经费	430	每年随粮征收转办
补助一师校经费	125	每年由教局筹办
油粮磨费	338	全县乙等油磨三十六盘,收洋二元;丙等一百一十二盘,每盘收二元
税契及税纸	1493	买契征百分之六,典纸征百分之二,税纸每张五角
验契税	462	县契一张,收查验费二角,注册费二元
印花税	3200	—

---

①湟源县赋税统计实为478847元。

项别	金额（元）	备考
番贡马价	23400	每年由一百师派员向番民征收
牙税	20	斗行十二元，皮行八元
行政警察费	356	由县政府随粮征收
公安警察费	2040	—
其他机关经费	3000	教育建设等机关经费
产销税	71024	因接近蒙番收入颇丰，由省府派员设局办理
粮茶税	27000	—
榷运税	2650	—
营买粮	18000	每年征九百石
营买草	2016	征四十万三千二百斤
差役折价	500	—
征兵费	30000	征兵一百名，每名帮价三百元
总计	200771	

互助县赋税统计

项别	金额（元）	备考
屯粮	33130	计仓升四千九百六十九石四斗零三合五勺一抄
番粮	4480	计仓升六百七十一石九斗二升九合
耗羡粮	5200	计仓升七百八十石一斗九升六合三勺五抄
盈余陋规粮	5718	计仓升八百五十七石七斗九升四合二勺
百五经费粮	1898	计仓升二百八十四石八斗六升六合七勺
屯草折价	1870	—
粮草串票	60	—
营买粮	48000	每年征宁升二千四百石
营买草	—	—

续表

项别	金额(元)	备考
产销税	16000	—
粮茶税	13000	名曰粮茶,实则各货皆征税收
榷运税	8000	—
法院经费	2394	—
第一师校经费	72	—
油粮磨费	1800	—
税契及税纸	1000	—
验契税	100	—
印花税	2400	—
牙税	40	—
行政警察费	3400	—
公安警察费	4560	—
教育经费	935	—
区公所经费	3200	—
差役折价	10000	—
禁烟税	10000	—
卫生检查税	3600	公安局每年除由屠户征收外,并向民间摊派
总计	180857	

《新青海》第四卷第三期,1936年3月,第29-33页。

青海省土地局二十四年度
土地施政计划

一、整理内部实行放垦

查本省土广人稀，内部蒙藏同胞尚多不知稼穑，而省会附近各县已经升科之熟地粮赋不均相差悬殊。本局有鉴于此，一面商同财政厅长及海南警备司令着手查丈内部可垦之地，以十分之六留作蒙藏同胞垦地外，其余由本局照章放垦，至各县地熟按依土地陈报施行程序分别办理。

二、拟定土地陈报章则清理田亩

查土地陈报事宜，本局自奉令后即着手规划参酌，本省现况暨土地陈报纲要，拟定青海省土地陈报暂行章程，业经呈请钧府咨部察核，一俟核定，奉准即分区办理，借资敏捷，期收速效。

三、办理土地测丈用清经界

查本省土地经前青海省财政整理委员会田赋组一度丈量，因办事人员敷衍塞责，遂致流弊层出，结果殊欠圆满，现拟训练测量清丈人员，俟办理土地陈报，以便随地测量、彻底清丈，以昭实在而明真相。

青海省土地局整理土地表

整理土地事项	内容
整理土地机关概况	查青海自建省伊始，即成立青海省垦务总局，各县设立分局进行放荒事宜，及至民国十九年总局收入不敷，开支旋奉省府令将垦务总局归并财政厅兼办，改名为青海省财政厅青垦总处，各县改设分处。民国二十三年三月间，中央令饬各省市成立机关，遂将财政厅青垦总处及各县分处一律裁撤，设立青海省土地局，各县拟设分局以资整理
整理土地计划	查本省土广人稀，内部蒙藏同胞尚多不知稼穑，而省会附近各县熟地粮赋紊乱已极。本局有鉴于此，一面商同财政厅长及海南警备司令着手查丈内部可垦之地，以十分之六留作蒙藏同胞垦地外，其余由本局照章放垦至各县熟地，业经厘定土地，陈报暂行章程，呈请转咨鉴核，俟奉准即办理土地陈报事宜
土地陈报情形	查土地陈报本局自奉令后即着手规划，参酌本省现况暨土地陈报纲要，拟定青海省土地陈报暂行章程，内分六章，业经呈请省政府转咨内政部、财政部查核中，一俟核准即办理
土地测量情形	查本省土地经前青海省财政整理委员会田赋组一度丈量，因办事人员敷衍塞责以致流弊层出，结果欠圆满，现拟训练测丈人员，一俟办理土地陈报开始后即行彻底清丈，期昭实在
各项土地统计	查此项统计，一俟办理土地陈报实行测量后，按依程序分别办理

《新青海》第四卷第三期，1936年3月，第53—54页。

贵德畜牧一般

马牛羊颇多，年产羊毛一百三十万斤。

青海电讯社贵德讯：本县系贫瘠之地，每年出产稀少，大半居民，从事畜牧，因是之故，年来日益发达，如以字数统计，则全县现有：

马五千匹，每年生殖，约达五百匹。

牛一万五千头，每年生殖，约一千五百头。

羊二十一万零四百只，每年生殖，约十万只。

各该牧场，均在番地，由番民经营，马每匹约值洋四五十元，牛每头约值洋一二十元，羊每只约值洋二元，每年出产羊毛达一百三十万斤，现每百斤价洋约十三元，羔皮每年约产一万张，每张平均价洋一元。皮毛生货，由番民售于商人，辗转运往上海天津等处销售矣。

《新青海》第二卷第六期，1934年6月，第46页。

青海民和半年来牲畜屠宰概况

青海省建设厅据民和县府呈报该县民国二十三年度七、八、九、十、十一、十二，六个月牲畜屠宰数量情形如下：

七月份：牛九头，每头平均肉量为一百六十斤，平均价格为十五元。羊二十八头，每头平均肉量为二十五斤，平均价格为五元。猪五只，每只平均肉量为九十五斤，平均价格为六元。鸡二十一只，每只平均肉量为一斤半，平均价格为二角。

八月份：牛十五头，每头平均肉量为一百六十七斤，平均价格为十二元。羊三十只，每只平均肉量为三十斤，平均价格为五元五角。猪四只，每只平均肉量为六十斤，平均价格为六元七角。鸡二十只，每只平均肉量为一斤半，平均价格为二角二分。

九月份：牛二十头，每头平均肉量为一百五十六斤，平均价格为十四元。羊二十只，每只平均肉量为二十七斤，平均价格为四元。猪十只，每只平均肉量为六十七斤，平均价格为七元。鸡十五只，每只平均肉量为一斤半，平均价格为一角八分。

十月份：牛二十八头，每头平均肉量为一百六十斤，平均价格为十四元五角。羊三十六只，每只平均肉量为三十斤，平均价格为六元。猪十二只，每只平均肉量为六十斤，平均价格为五元二角。鸡二十只，每只平均肉量为一斤半，平均价格为二角三分。

十一月份：牛二十四头，每头平均肉量为一百六十二斤，平均价格为十三元。羊三十八只，每只平均肉量为二十八斤，平均价格为五元。猪八只，每只平均肉量为七十斤，平均价格为六元五角。鸡三十只，每只平均肉量为一斤半，平均价格为二角一分。

　　十二月份：牛三十头，每头平均肉量为一百六十斤，平均价格为十二元。羊四十只，每只平均肉量为三十斤，平均价格为四元五角。猪十三只，每只平均肉量为六十五斤，平均价格为五元。鸡五十只，每只平均肉量为一斤，平均价格为三角。

　　　　《新青海》第三卷第二期，1935年2月，第43-44页。

青海畜产种类及分布概况

青海尚为畜牧时代的社会，社会经济活动的基础，全建于畜牧业，故畜牧事业为青海人民生活上，极占重要之位置。尤青海蒙藏民族，完全以游牧为生，所有衣食住行，以及日常日用品，无不一直接间接仰给于畜牧，故畜牧事业，在建设新青海途径，实占重要的位置，兹将青海畜产种类及分布情形，略述于下，以供关心青海畜牧事业的参考。

一、畜产种类

（一）马

青海之马著名全国，体高大，性耐劳，矫捷善走，又因其身体各部组织完善，外貌亦颇美观。惜近年来兵匪各灾之故，养之者，远不如前之多，而外省马商，因沿途兵匪之患，复受苛捐杂税之重，皆裹足不前，是以青海养马事业，一蹶不振。现在青海普通农家所用之马，每头平均价值约四十元左右，至于数百元之马，仅为特殊阶级者之骑用，普通农家则极少养蓄也。青海全省养马头数，据青海建设厅调查为三万四千一百六十四，或不止此数，因青海多属游牧社会，不易得其确数。兹将青海马种按照区域分为三种：

青海马：其繁殖区域在该省北隅及大通河流域，青海湖四周布哈河一带，其马矫捷善走，为青海人民素所重视，而以门源县之马为最贵。

柴达木马：其繁殖区域在西北部柴达木蒙旗牧地及都兰香尔得一带，其马能耐寒耐劳负重致远。

玉树马：其繁殖区域在南部玉树一带，体格矮小类似四川马，远不及上述二种之优秀。

（二）牛

青海养牛不如养马发达，牛种亦不较他处优良，惟用途范围宽，除吃肉、取乳、耕用、驮用、拉车用外，牛粪取作主要燃料。牛之种类繁多，是其特点。故牛在青海农民经济上亦颇占重要之地位。据青海建设厅民国二十三年调查，全省黄牛头数为十五万一千二百七十九头，牦牛为一万二千六百一十九头。兹将青海牛种分述如下：

黄牛：柴达木盆地最多，其他西宁所属垦区内亦多产之，海南北八族牧地亦多畜之，大部为耕种及运输之用，惟其躯干弱小，各部构造多不完善，前胸稍较有力，后部甚为单薄，腿部细小，膝部向内弯，如作为役用缺点甚多，远不如内地黄牛之健美。惟在青海农家多畜之，多作耕田之用，牝者每日产乳十五碗至二十碗，计三十碗可制酥油一斤。

牦牛：亦称毛牛，以其周身披有长毛故也。巴颜喀拉山以南，玉树番民区域一带，畜养最多。番地所产之皮毛物品全赖牦牛运输，为番地唯一之运输工具。牦牛耐寒不堪受热，善走山路，容易饲养，能驮一百至一百五十公斤之重量，并能肉乳兼用，皮毛尤佳，其粪可供燃料。牦牛繁殖在九、十两月间，受妊者生犊易于长成，妊期九个月，幼犊经母牛一年养育即可自立，母牛二年间可生产一次。牦牛六岁至八岁即发育完成，寿长约二十五岁。身体构造雄健，头短而宽，额平而高，眼小而明，角长有八十至九十厘米，角尖系圆形，中部有棱角，根部平宽甚粗大，亦有无角或甚短者，由项部至前脊处渐高，从此尾部复渐低，尾端处毛甚长，腿短有力。其身体之高，牡牛约一米九左右，体重约六百五十至七百公斤，体长约四米三左右。牝牛之身体高约一米六左右，体重约六百十至六百五十公斤，体长约二米八左右。颜色有全黑，亦有全白者，平常多为深褐色，即咖啡色，其价值平均每头二十五元以上。

犏牛：系牡黄牛与牝牦牛交配之第一代杂种，体格雄健高大，毛短似黄牛，尾毛发达似牦毛。牡犏牛负重致远，又善于耕田；牝犏牛乳量最多，每日产三四十碗，足制酥油（即黄油）一斤，为青海之重要家畜。

（三）羊

青海之蒙藏民族，现仍多为游牧生活，所以衣食住及一切日常用品，无一不直接或间接仰给于牧畜之生产。其所养之牲畜，尤以羊为主要家畜。据青海建设厅民国二十三年调查，全省羊数为二百一十万零四百七十头，每头平均价值为三元左右，皮每张价约五角以上；毛每斤价约十二元以上；每年全省皮毛为大宗出口物产。闻近年因受病疫及人祸影响，已远不如昔。兹将青海绵羊种类分述如下：

柴达木羊：为柴达木区域蒙民所畜养，与内地大尾羊完全相似，因该地富含盐质，羊肉脂肪适度，有特别风味。惟其毛质粗劣，故近乎肉用种。

小尾羊：为青海之特产，性耐寒，体高大，毛细而长，最长者其三十至四十厘米，体重约六七十斤，每年每支可产毛五斤。

玉树羊：为玉树二十五族所畜养，为小尾羊之一种，体格略小，毛则终年不剪，体重约四十余斤，毛质纤维之细度及卷曲度，远非普通羊毛所可及，西藏所产氆氇、呢绒，即以此羊之毛为料。

山羊：在青海亦有养之者，但为数不多耳。因山羊在经济上之位置，远不如绵羊之优越，惟山羊乳所含养分颇适卫生，每只日可产乳四五碗，每二十碗可制黄油一斤，蒙民多利用之。山羊在青海约分两种：其一体格较大，毛粗而长，其后胯毛更长于前部也。其一体格略小，全身长毛，多为黑色，亦有青色、褐色、白色者则较少数，其头角甚长，则向上发展。居民以山羊之长毛织成毛袋，以之盛粮，坚固耐用，山羊皮面积大而质料坚厚，兰州一带驾驶黄河上之小皮筏，即以山羊皮制成，山羊不易染病，繁殖力甚强，为其特点。

（四）骆驼

骆驼在青海为主要家畜之一，据青海建设厅调查，全省骆驼数目共八千三百三十头，恐不止此数，每头平均价约三十余元，皮每张价约八元，驼毛每百斤价约二十五元。其繁殖区域在巴颜喀拉山以北，柴达木蒙古各旗牧地及都兰、郭密、旗加、旺什代海各藏族牧地所产最多。均为双峰背种，与蒙古骆驼颇相同。颜色多为浅褐色，白色甚少，其繁殖情形，每年二、三月为其性欲冲动期，不过骆驼交媾较为困难，有时尚须人力帮助。其妊期一年至一年零一月，生产后因幼犊不便远行，一年内不能工作，所以二年至三年可生产一次，六岁至七岁即发育完全，由五岁至十五岁为其健壮之时期，其寿长约二十五岁左右。饲料以含盐质之野草最好，骆驼饲料须盐最多，骆驼遇无饮食之地，可六日至八日不食。在春季及秋季，可七日不饮不食，夏季三日至四日，亦可不饮不食，冬季喝水最少，如无饮食时，冰雪亦可充饥，故任重致远，耐劳耐苦，为其特性。每年三、四月，身上冬毛渐脱落，至六、七月或完全脱落，至九月渐冷，毛复生长。驼毛颇为一般人所重视，故曾有人主张畜养骆驼以产毛为主要目的者。

驴、骡、猪在青海亦为一般农民所畜养，惟不似以上各家畜所占地位之重要，猪则因宗教上之关系，故不十分发达。

家禽则有鸡、鸭、鹅等，中以鸡为最多，其饲养方法，亦多与内地相同。

二、畜产区域

（一）马的畜产区域

可分为三部：在本省东北隅及大通河一带，为青海最重要的马区。在本省西北柴达木及香日德一带，所产马耐寒，能负重致远。在本省南部玉树一带，所产马的体格矮小，类似四川马。

（二）牛的畜产区域

可分为三区：在柴达木盆地为黄牛。在海南八族牧地亦多。在巴颜喀拉山以南，玉树二十五族及海南北八族畜养所产者为牦牛。

（三）羊的畜产区域

可分为二区：柴达木一带，所产最多。玉树二十五族一带，所产羊亦多，体格略小，毛则终年不剪取。

（四）骆驼繁殖区域

在巴颜喀拉山以北，柴达木蒙古各旗牧地及都兰、郭密、旗加、旺什代海各藏族牧地均产之。

（五）驴、骡、猪等畜产区域

大都在青海东部各县如西宁、湟源、乐都、民和、互助、贵德、化隆、循化、大通等县。

《新青海》第四卷第五期，1936年5月，第72—75页。

青海各县每年输出皮毛概况

	物名	数量	价值
湟源县	野猪皮	3000张	1500元
	老牛皮	4000张	1600元
	黑白羊羔皮	100001张	40000元
	羊毛	30000斤	70000元
门源县	野牲皮	500张	—
	羊皮	100000张	—
	羊毛	600000斤	—
贵德县	羊毛	1000000斤	—
	羊皮	产量不详	—
化隆县	黑羊皮	1000张	—
	野牲皮	5000张	—
民和县	羊皮	90000张	—
	牛皮	60000张	—

《新青海》第四卷第五期，1936年5月，第75-76页。

青海省皮产调查

  青海每年经产多量之羊毛外，猞猁皮、狐皮、羔皮及其他兽皮，年产亦复不少，皆为寒冬制裘御寒之具。以猞猁皮最珍贵，狐亦不恶，惟不若兰东产者之佳。羔皮以黑者为上，兽皮如狼熊虎豹之属，或为皮褥椅毯，或制皮夹，为用甚大。豹皮色泽鲜美，用制女氅，价廉物美。今就猞猁皮、狐皮、羔皮等三种言之：

  猞猁皮：猞猁产海南一带草地中，状较狐为大，背毛浅灰，胸腹作白色间以褐色之圆点，成葡萄状。制熟成裘，有脊、肷、腿之别。尚有以数只整个猞猁混合制成者，其脊背之毛镶制于前后及两袖而成六条状，名为"六道脊"。肷即以胸腹之皮制成，故又名葡萄肷，轻柔暖和，价值最贵，每件售价上者在四百元以上，六道脊次之，脊与腿最廉，七八十元即可置一长袍统。脊毛长稍嫌重而甚暖和，腿毛短而不若其他之暖，然甚耐穿，色现黄白点，状殊美观也。闻每年仅产数百张，供过于求，价亦特昂耳。

  狐皮：狐皮在西宁、贵德、循化等县均产之（称西狐），年产十数万张以上。以元狐、白狐最称贵，今不多见，普通市售者，皆背色黄，胸腹现灰白者。生皮每张仅售数元耳，制之成美，可分头、须、脊、肷、腿等数种，亦有如猞猁之制成六道脊者。狐须价最贵，因一裘需百狐之须始成，肷亦不贱，六道脊次之，脊腿又次之，头最贱，以其不若其他之暖也。所产之狐，其毛质无关东产者之柔软，更因制法不佳，难与平津一带货品媲美耳。

  羔皮：羔皮以西宁、湟源、大通、贵德、巴燕诸县产者为佳，年约六十万张，多数运销津沪，获利甚丰。有黑白二色，白者以宁夏产者为佳，产量较黑者为多，价亦特贱，最上者仅售三十元左右。黑色羔皮曰紫羔，毛小而卷曲，色黑亮，不染秽尘，轻暖美观，年来爱尚穿黑羔皮日多，故价亦渐昂，自五十至百元不等。尚有一种名藏羔者，多产自西藏边一带草地，毛较本地产之黑尤佳，卷曲珠状，色光亮，轻暖美观，分黑白二种，色白者价贱，如本地产之白羔，可当棉衣穿用，黑藏羔价值百余至数百元，惟不及猞猁皮与狐皮之暖也。每年由藏商贩运来省，为数不多，第因路途遥远，交通未便，不能尽量往内销行耳。

皮市：皮市春初最盛，每于寺庙会期为交易之地，平津皮商前来坐庄收货者，年数十家，牧地人民，以皮易粮食及日用物，价值甚廉，鞣制成熟，每超过原值数倍。省垣现有皮货庄十数家，惜制法不佳，缝制亦不精巧，成本已轻。能对于制法加以研究，获利殊大，今仍大部生皮，售诸外来商人，大好利益，坐视外溢，殊可惜也！（《西京日报》十月二十九日）

《新青海》第四卷第六期，1936年6月，第50页。

青海西、互、民、乐各县之雹雨灾

本省迩来暴雨时作，冰雹为虐，民众叫苦连天，日有所闻，兹将西宁、互助、民和、乐都各县雨灾，汇志于后：

西宁县属之河北中林乡，于本月十三日下午二时许，狂风大作，阴霾四合，一时大雨如注，沟浍皆盈，阡陌顿成泽地，致将附近所牧牲畜，淹毙者甚多，田苗被水冲压者，约三十余石。又二十日下午四时许，忽降雹雨，被灾区域甚广，东川为西沟部、中红堡、张什堡等三庄，南川为永固庄、处处尔沟、小卞阳等三庄，西川为实惠沟、羊圈临城北山后杨家湾、孙家岭一带，所有田苗，均遭打伤，计在十分之四五。各该地农民均以损失浩巨，生机行将断绝，已将被灾情形，呈报西宁县府，详细勘查，予以实力之救济，以免转徙流离云。该县府已派员分赴各地详细视察云。

互助县属高寨地方，亦于本月二十日被雹，禾苗被打折无余，其零离破碎之状，目不忍睹云。

民和县属之第四区北望乡，于本月某日，降落冰雹，大如鸡卵，所有田禾，扫数摧折，该乡民人郎守元等，以该乡地瘠民贫，早已十室九空，今复雹灾奇重，秋收绝无希望。特呈请该县府，将被灾情形，详告上峰，破格体恤，以救哀鸿等情。兹闻该县县长李德渊氏，派员视员视察后，于昨（二十六日）据实呈请省府核准矣。

乐都县属之第二区下北山一带，于本月十五日午后。狂风大作，阴云密布，登时大雨倾盆，遍地汜滥，致将该地附近田苗淹没无算，路途桥梁，亦多被冲壤云。

《新青海》第一卷第八期，1933年8月，第77页。

青海各县灾情调查

青海本年各县受灾甚重，人民罹苦，非常深切，又因地边陲，交通不便，一切惨苦情况，内地鲜有知之者，本社负建设青海之重任，对于此等苦况，何能袖手旁观，待其危亡耶？故函请各县政府将本年被灾情形作一报告，近据大通、湟源、乐都三县来函，对于各县本年灾情皆有详尽调查，其他各县尚未来函，今将此三县灾情分别述之于后，借此唤起社会人士之同情！

一、乐都县

该县本年受灾较重者，如雨润乡之旱庄子、羊圈庄、上下吉园庄，共和乡之达子湾庄，本城镇之大小古城庄，春和乡之小磨庄，空洛乡之东冈子，汤官乡之汤官、贾湾庄，双堡乡之姜湾庄，永信镇之七里店庄、水磨湾庄、熊家庄、李家庄，复兴镇之高店子庄、羊其堡、台庄、大峡口、漫坡头等庄，被灾情形，十分惨重，总计被灾田地约千亩之多，被灾人口在三百以上，农产损失约有三千余仓石之谱，值价约万元左右，不能复垦之田为数亦多，其在沿河满渠亦被冲坏，修复故不容易，种种灾况，不一而足，灾民比户兴悲，情实堪悯。

二、湟源县

该县本年被灾区域，以第二区塔湾庄、扎扎庄、上下寨子、慢坡等庄为最大。损失田亩共约三千二百零九亩六分。

三、大通县

该县本年被灾区域，情节尤重，兹将各区灾情列表于后，以告国人也。

青海省大通县府造赛县属各乡村被水雹成灾面积数量一览表

被灾区域		被灾面积（亩）	损失数量（元）	附注
第一区	多洛堡	4928	607	查本堡哈州、上坤、多洛、口子庄、麻哈庄等村，被灾地地亩依初勘概况计，被灾五六分不等，约估计如上数
	阴化堡	2958	3650	查本堡属麻什藏、下浪家、巴升庄三村，被灾地依初勘概况约计，被灾五六分不等，约估损失如上数
	逊让堡	1703	2120	查本堡武胜沟一村，被灾地计五六分不等，约占损失以上数
第二区	祁家堡	6124	9816	查本堡坐士图、贺家庄、吕顺、聂家沟等四村，被灾地计五六分不等，约占损失如上数
	古屡堡	20610	15855	查本堡东山、西山、西吉哇、拉布、才嘎巴图、铁家庄、西岔、北岔等八村，共被灾地计五六分不等，约占损失如上数
	峡门堡	2438	3660	查本堡峡门、申哇上下山、石身四村，共被灾地计五六分不等，约占损失如上数
	新庄堡	6462	9690	查本堡太极、新庄、尕驻、吉仓、揽龙五村，被灾地计六七分不等，约占损失如上数
	旧庄堡	8042	12030	查本堡塔儿沟、药草滩、圪塔庄、祁家、充家、塔儿、湾本、玩滩八村，被灾计地六七分不等，约估损失如上数
	凉州堡	3500	5300	查本堡前后中庄、泉沟口下堡三村，被灾地计六七分不等，约估损失如上数
	河州堡	114	1000	查本堡上、中、下三村，被灾地计六七分不等，约估损失如上数
	向阳堡	11451	16100	查本堡上、中、下三村，被灾地计六七分不等，约估损失如上数
第三区	李家堡	6539	9780	查本堡上、中、下三庄，被灾地计六七分不等，约估损失如上数
	阿家堡	7773	11640	查本堡上滩、药匠台、下堡三庄，被灾地计六七分不等，约估损失如上数

被灾区域		被灾面积（亩）	损失数量（元）	附注
第三区	多隆堡	3000	4500	查本堡麻家庄一村,被灾地计六七分不等,约占损失如上数
	却藏寺龙旺族	6692	12020	查本堡白沟脑、却藏滩、插八、峡口寺、拉洛湾五处,被灾地计七分有奇,约估损失如上数
	元墩堡	15082	18850	查本堡大庄、本哇沟、花林庄、下堡四庄,被灾地计五六分不等
第四区	永安堡	1393	3480	查本堡上关一村,被灾地计五六分不等,约占损失如上数
	毛家寨	1002	2500	查本堡毛家沟一村,被灾地计五六分不等,约占损失如上数
	祁家寺	2464	3696	查祁家寺一村,被灾地计七八不等,约占损失如上数
总计		102282	151127	

四、贵德县[①]

该县黄河,因近来阴雨,致水势暴涨有数尺之高,来往客商过渡,虽均有迟缓,然河身向来高峻,故仍无决口泛滥之虞。

五、循化县

该县于本月十七日夜,忽雷鸣电闪,暴雨大作,因之黄河暴涨,将城西瓦家庄民众所修水车一架冲去,又将城北河源庙后郭姓车磨一座亦被冲倒,同付东流。次日瓦家庄民众,顺水寻水车下落,旋于城东七里之下滩得之,于是雇请庄人前往捞取,中有李光明者,忽然失于检点,被浪卷入,霎时逐流而下,形影不见,后于下流水势缓处捞出,则已一命呜呼,与世长辞矣。据闻李系本域人,家

---

① 《青海各县今夏两雹灾祸之一般》（《新青海》第一卷第九期,1933 年 9 月,第 54 页）与此篇目有重复,标题四、五、六为不重复内容,附于文后。

道贫寒，一家四口生计，全赖李氏一人维持，现遗一妻二女，孤儿寡妇，赡养孰依，远近闻者，无不扼腕叹息云。

六、化隆县

该县于本月十七日晚八时，忽黑云密布，雨雹交加，伤田禾不少，中以西南乡属上下卧力尕、马昂、工哇滩、德家、下尕什加、上滩塞湾、后沟、香里呼拉、盖素、脚杂等十余村被灾最重，冰雹大如鸡卵，历时甚久，稼禾颗粒无存，各村民众，于十八、十九两日，扶老携幼，纷纷号哭来县，向党政两方，呈报灾情，并恳设法赈救，闻党政双方将派员彻查，酌情办理云。

又讯：该县于十七日大雨彻夜，山水暴涨，冲去下呼拉村磨房二座，城附近磨房一座，其余冲坏者甚多，至沿河一带田地，被泥淤沙压者尤多，灾民一片颠连零落之哀状，惨不忍睹云。

《新青海》第三卷第十二期，1935年12月，第60-62页。

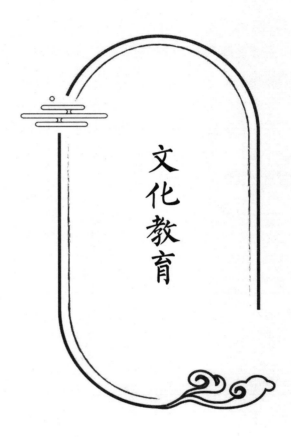

文化教育

青海教育最近调查

　　僻处西北边陲的青海，一切事业幼稚，而教育的落后，谁也不能否认，但是落后到怎样的程度，惜无确凿张本可据，故将最近张心一先生之青海全省教育调查所得，列表刊出，以供改进青海省教育者之对症下药。

青海省中等教育调查表

校名	省立第一中学校	省立第一师范学校	省立第一女子师范学校	第一职业学校	省立第一农业学校	省立乐都中学校	青海省回教促进会附设中学校
沿革	此校初为蒙番半日学堂，后改为蒙番高小学校，旋复扩充为师范学校，至1927年改为筹边学校，1929年建省始改今名	民国初元，此校为海东师范，后改为甘肃省立第四师范，青海设省遂改为省立第一师范	由西宁县立第一女子小学校改组，1929年4月成立	在前原为筹边学校职业科，到1929年青海建省改为省立第一职业学校	1929年由西宁无我小学、竞存小学两校改为省立第一模范两级小学，1932年改为今名	1930年始行成立，县长兼任校长，初中仅中学一班，今添召师范生一班	1932年1月1日成立
当年费用	15609元	23529元	13700元	13209元	9843元	5600元	11160元
经费来源	由本省财政厅支领	由本省财政厅支领	由本省财政厅支领	由本省财政厅支领	由本省财政厅支领	由本省财政厅支领	由本省财政厅支领
学生数	181名	220名	25名	30名	40名	79名	70名
教职员数	38名	34名	32名	31名	10名	12名	20名
教员资格	大学毕业十分之三，师范十分之四，其他十分之三	大学毕业十分之三，师范十分之四，其他十分之三	大学专门毕业十分之二，师范毕业十分之七，其他十分之一	职业专科毕业者十分之一，师范毕业者十分之四，工业毕业者十分之三，其他十分之二	旧制师范毕业十分之五，中学毕业十分之三，大学十分之二	大学毕业占十分之二，师范毕业占十分之六，其他占十分之二	大学毕业占十分之二，师范占十分之四，中学占十分之二，其他占十分之二

续表

校名	省立第一中学校	省立第一师范学校	省立第一女子师范学校	第一职业学校	省立第一农业学校	省立乐都中学校	青海省回教促进会附设中学校
教员待遇	最高	每月68元，主要科每一小时大洋8角，其他每小时均以6角计算，校长每月70元					
	最低	其他职员最低限度20元					
每生每年负担费	本省学生均未纳学费						
学生家族职业	在城市业商者占十分之六，业农者占十分之二，其他占十分之二；在乡业农者占十分之八，其他占十分之二						
学校学生有无津贴	除省立第一女子师范学校师范班每生每月津贴洋4元外，其余均无津贴						
寄宿生数	寄宿生占十分之三						
走读生数	走读生占十分之七						
学生年龄最大最小	23岁	23岁	34岁	23岁	23岁	23岁	—
	15岁	15岁	12岁	13岁	13岁	13岁	
毕业生数	201名	360名	12名	29名	无	无	无
毕业后服务	升学者占十分之一，在学界服务者占十分之六，其他占十分之三	升学者占十分之一，在学界服务者占十分之六，其他占十分之三	升学者占十分之一，在学界服务者占十分之六，其他占十分之三	共毕业两次，均在各界服务	—	—	—
毕业后失业	无	无	无	无	—	—	—
校费之分配	教职员薪金占十分之七，公杂费占十分之二，其他占十分之一，至如建筑购买仪器等项均在临时费项下						
备考	—						

青海省初等教育调查表

类别	城市小学	乡村小学
学校总数	共51处	共405处
经费总数	共数97346元,皆系各县数目未分城乡	—
经费来源	城市及乡村各小学校经费十分之四由各县教育基金生息而来	十分之六由各县民众负担
学生总数	27810名,系各编数目亦未分城乡	—
教员总数	共148名	共500员
教员待遇(最高)	全年薪金200元	全年薪金150元
教员待遇(最低)	全年薪金80元	全年薪金60元
教员资格	中学毕业者占十分之四,师范占十分之五,其他占十分之一	中学毕业者占十分之四,师范占十分之五,其他占十分之一
学在(生)每年负担	本省学生均未纳费	—
学生家族职业	业商者占十分之六,业农者占十分之二,其他占十分之二	业农者占十分之八,其他占十分之二
学生年龄(最大)	18岁	18岁
学生年龄(最小)	7岁	7岁
备考	—	—

其他如社会教育,省垣有本厅设立民众书报处二,各县亦有民众书报处及阅报所、图书馆。除中学、师范各附设一处外,省垣有芸香图书馆,虽系私人营业性质,而阅览者亦不乏人。各县虽有图书馆数处,然因经费拮据,规模因之较小。此外本厅兴办之巡回文库,虽有具体计划,尚未见诸事实。

《新青海》第一卷第三期,1933年1月,第73—77页。

青海省垣社会教育及各界之初等教育

一、社会教育

西宁社会教育，兹据调查如下：

民众阅报室系教育厅设立第一第二民众书报处合并为一，室址在省府西首。

锦屏图书馆为第一中学所办，朱海山捐赠该馆书籍甚多，惜管理不善，先后大多遗失，是徒有其名，而失其实矣。

师范图书馆系第一师范学校所设，万有文库尚全，其他零星书籍亦不多。

芸香图书馆虽系私人营业性质，而阅览者，亦不乏其人，惟只有几本杂志而已。

娱民会场图书部，除零星残篇，几种杂志小册外，别无他有。

省特处图书馆，尚为完善，普通参政书甚多。

二、各县初等教育

本省各县城市及乡村之初等教育，兹据调查一所得统计，志下：全省城市小学，计五十一处。乡村小学，计四百零五处。学生数目共二万八千七百一十名，教员共六百四十八名。教员年薪最高者为二百元，或一百零五元，最低为八十元至六十元。教员资格，中学毕业者占十分之四，师范占十分之五，其他占十分之一。学生年龄，自七岁以至十八岁不等。经费来源，十分之四由各该县教育基金项下生息拨支，十分之六由各县民众负担，共计经费数目为九万七千三百四十六元云。

《新青海》第一卷第八期，1933年8月，第76-77页。

青海省各县教育暨经费概况

西宁：中等学校七处，学生五百二十名，教师一百一十三人，每年经费八万一千一百一十六元五角六分；完全小学十三处，初级小学一百八十处，学生共九千四百四十四名，教师三百三十三人，每年共计经费六万二千七百五十元。

乐都：中学一处，学生八十六名，教师八人，每年经费五千六百元；完全小学男五处女二处，民众学校八所，初级小学八十二处，学生共二千六百六十三名，教师一百八十七人，每年经费一万三千五百二十八元。

互助：完全小学七处，初级小学八十七处，学生共三千六百七十四人，教师一百二十五人，每年经费共一万一千五百三十一元。

民和：完全小学三处，初级小学六十四处，学生二千三百六十三人，教师二百二十八人，每年经费共一万七千八百八十元。

贵德：完全小学二处，初级小学十八处，学生七百一十一人，教师四十四人，每年经费共五千九百余元。

门源：完全小学一处，初级小学二十处，民众学校一处，学生七百七十三人，教师三十五人，每年经费共三千三百四十元。

湟源：完全小学三处，初级小学四十六处，学生二千二百二十一名，教师七十人，城关小学每年经费共四千二百七十元，由教育基金生息拨付，乡间小学每年经费，计原有学田杂粮六十一石二斗，不敷由各庄分摊之。

大通：完全小学三处，初级小学六十五处，学生三千七百四十三人，教师七十二人，每年经费共六千零八十元。

循化：完全小学三处，初级小学一十四处，学生七百二十七名，教师二十五人，每年经费共三千二百一十七元，小麦四十五石二斗。

化隆：完全小学六处，初级小学一十五处，学生一千二百二十七名，教师三十七人，每年经费共约四千三百一十六元。

共和：完全小学二处，初级小学一处，学生一百三十五名，教师五人，每年经费共六百四十元。

以上计十一县，各学校共合教育经费二十二万零三百六十八元五角六分，麦子四十五石二斗，杂粮六十一石二斗。

《新青海》第一卷第十一期，1933年11月，第62-63页。

青海省中等教育概况

一、省立

有中等学校七处：

省立第一师范学校，现校长为安立绥，有学生四班，均为前期，采四二制。一年级学生七十五名，二年级五十四名，三年级学生五十八名，四年级学生三十九名。学科除普通外，加授动物学、心理学、教育史、组织法、军事、乡土志、卫生学、藏文等。经费每月一千八百元，自本年元月份起，按七成由财厅拨发。设有图书馆一处，书籍无多，现该校学生会办有一师旬刊一种，内容尚佳。附办之西宁乡村小学校教员讲习所一班，学生三十余名，业于去年六月间毕业，由西宁教育局分配各乡小学工作，已停止续办。

省立第一中学校，现校长为杨焕，有学生三班，均为前期，采三三制。一年级学生七十五名，二年级学生五十七名，三年级学生四十二名。学科除普通外，加授藏文藏语。经费每月二千二百八十八元，按七成由财厅拨发。内设锦屏图书馆一处，附设完全小学一处，学生三百余名。前由青海省府议决，于中师两校，由今春起，分别筹设后期师范及高级中学各一班，并每月各增加经费八百元，由两校原有基金费中原领经费数目酌量分配。

省立第一职业学校，现校长为祁中道，有学生二班，均为前期，采三三制，一年级学生二十八名，二年级学生二十八名。学科除普通外，加授经济原理、工厂管理法、漂染学等科目。经费每月一千一百元，按七成支领。另设工场一处，出品销售所一处，附办完全小学一处，学生共三百余名。

省立第二职业学校，现校长邹国泰，有学生一班。特殊学科为森林学、畜牧学、肥料学等。每月经费为一百五十元，按七成由财厅拨发。附办完全小学一处。

省立第一女子师范学校，现校长为蒲顺志，采三三制，均为前期。有学生三班，共有学生三十余名。学科除普通外，加授缝纫、烹饪等科目。经费每月一千三百余元，按七成支领。附办完全小学校一处，有学生百余名。

回教促进会设中学校一处，现校长为马宵石，采三三制，均为前期。学生共一百五十名，一、二年级课目有教义、阿文等，每月经费一千二百七十八元，由财厅按七成拨发。

蒙藏师范学校，系去年春天由第一中学脱离而独立者，现校长为杨质夫，经费未详。

二、县立

有乐都中学校一处，校长由该县县长兼代，有学生三班，共八十余名。每年经费由县府就地抽收，约二千至三千元之谱，又省府每月按七成拨发三百元。

《新青海》第二卷第一、二期合刊，1934年2月，第179-180页。

青海省各县初等教育概况

本省各县城市及乡村之初等教育，据调查所得，统计全省城市小学计五十一处，乡村小学计四百零五处，学生数目共二万八千七百一十名，教员共六百四十八名。教员年薪最高者为二百元，或一百零五元，最低为八十元至六十元。教员资格，中学毕业者占十分之四，师范占十分之五，其他占十分之一。学生年龄，自七岁以至十八岁不等。经费来源，十分之四由各县教育基金项下生息拨支，十分之六由各县民众负担，共计经费数目为九万七千三百四十六元。兹将已所调查各县教育状况如下：

大通：县教育行政机关为教育局，高级小学共三处，初级小学六十五处，学生共三千七百余名，一百八十六班级。教员共七十二人，其资格中等学校毕业者占九分之八，小学毕业者占九分之一。学生年龄在十二岁至十八岁之间，课程均按四二制，教授课本采用新时代教科书一种。招生方法，除初年级外，皆用招考办法。经费自筹自地方，约计初级每年经费为七十五元，高级为七百六十元之谱。

循化：教育行政机关，全县计有教育局一处，完全小学三处，初级小学一十四处，全县共计学生七百二十余名，教师二十五名。教员资格，中等学校毕业者十六名，高级小学毕业者四名，其他为初级小学毕业，或有相当常识者，设施教授，每周三十六小时，课本采用新学制或新时代教科书二种。招生方法，多主强迫政策，布告劝招者占极少数。至校内附设团体，除一高及回教两级学校二处，均组织学生自治会、学生义勇军外，其他各校，尚属缺如。各校经费，来源不一，有由基金生息者，有由就地筹支，每年秋后，向民间摊收，以资维持。

民和：行政机关有教育局一处，学校有完全小学三处，初级小学六十四处，学生共有二千三百余人，二百零二班级。各校教师二百余人，其资格中等学校毕业者占百分之十四，小学毕业或其他，占百分之八十六，学生年龄在七岁至二十五岁之间，每日教授六小时，课本采用新时代教科书一种。招生方面，招收及强迫并行，而以实行强迫者占其大半。其经费来源，多由学田租粮、验粮，学生学费行税项下拨支。

互助：行政机关有教育局一处，计完全小学七处，初级小学八十七处，学生共三千六百余人，二百五十一班级。教师共一百余人，教师资格中等学生毕业者二十余人，其余均为小学毕业。学生年龄在七岁至二十七岁之间，课本采用新中华新时代教科书一种，每周教授三十六小时。招生方面，多主强迫，其经费来源不一，有由产销税项下附收二成者，有由地方筹拨者，有由基金生息，借资维持者。

化隆：县教育行政机关有教育局一处，县立小学十一处，又回教促进会设立小学十处，共计学生一千二百余名，教员三十余名。教师资格中等毕业者占六分之四，小学毕业者占六分之二。学生年龄在七岁至二十二岁之间，每周授课三十六小时，课本均采用新中华教科书一种。招生办法，多在学区以内，按学龄儿童之多寡摊派，行强迫教育。全县教育经费无多，计初级九处，每年每校不过八十元，除由固定经费四千三百余元生息开支外，并随时向地方征收。

门源：全县有两级小学校一处，教员四人，学生八十余人，女子小学一处，教员三人，学生四十余名。乡村初级小学校二十一处，学生共有七百余人，均以经费困难，办理不善。小学教员师资，中等毕业者竟无一人，且教材拉杂，殊不一致。两处民校，学生共有七十余人，尚为可观。

《新青海》第二卷第一、二期合刊，1934年2月，第180—181页。

青海各县民众教育概况[1]

青海省各县对于创办民众学校，年来均切实推行，不遗余力，裨益社会，颇为不少，计全省已成立学校，其二十四处，学生共九百三十六人，兹将各学校情形及经费概况，分志于次：

一、青海省

特处附设民众学校，校长丘咸一人，教员五人，学生五十人，每月经费二十元。

二、西宁

特处附设第一民众学校，校长阿维杰一人，教员四人，已毕业学生三十九人，在校学生五十人，每月经费二十一元。

东川，曹家寨第二民众学校，校长宋浓春一人，教员一人，学生十九人，每月经费三元五角。

西川，新增堡民众第三学校，校长包守业一人，教员一人，学生三十六人，每月经费三元五角。

西川，三其堡第四民众学校，校长杨积涵一人，教员一人，学生二十六人，每月经费三元五角。

---

[1] 全文与《青海各县民众教育概况》(《新青海》第一卷第八期，1933年8月，第75-76页)有重复，但此文缺少校长姓名，全文进行补充。另外，将青海省附设民众学校从本文末调至文前第二段。

西川，徐家堡第五民众学校，校长冯国璋一人，教员一人，学生三十七人，每月经费四元。

东川，十里堡第六民众学校，校长熊统邦一人，教员一人，学生六十二人，每月经费三元。

南川，土门关第八民众学校，校长桑永芳一人，教员四人，学生四十人，每月经费四元。

三、乐都

特处附设第一民众学校，校长杜凤鸣一人，教员四人，已毕业学生五十三人，在校学生三十八人，每月经费十元。

教育局附设第二民众学校，校长徐宪章一人，教员二人，学生十七人，每月经费五元。

第三区永兴镇第三民众学校，校长党存孝一人，教员四人，学生五十人，每月经费五元。

第一区两渊堡第四民众学校，校长袁邦昌一人，教员四人，学生四十五人，每月经费五元。

第二区石嘴堡第五民众学校，校长李继德一人，教员二人，学生三十人，每月经费五元。

第二区大古城第六民众学校，校长周文耀一人，教员三人，学生三十二人，每月经费五元。

第二区卜河尔茨第七民众学校，校长李永祥一人，教员四人，学生二十人，每月经费五元。

四、民和

特处附设第一民众学校，校长王起奎一人，教员五人，学生四十六人，每月经费九元。

第一区红嘴乡第二民众学校，校长秦有德一人，教员一人，学生三十七人，每月经费三元。

第一区铁李乡第三民众学校，校长铁如铃一人，教员二人，学生四十四人，每月经费三元。

五、湟源

特处附设第一民众学校，校长杨鹏举一人，教员四人，学生三十一人，每月经费十元。

六、循化

特处附设第一民众学校，校长李逢春一人，教员五人，学生二十四人，每月经费二元。

七、大通

特处附设第一民众学校，校长任发琇一人，教员五人，学生四十一人，每月经费十二元。

八、贵德

特处附设第一民众学校，校长张思谦一人，教员三人，学生十四人，每月经费十元。

九、互助

特处附设第一民众学校，校长关思敬一人，教员二人，学生二十三人，每月经费五元。

十、门源

特处附设第一民众学校，校长康之瀋一人，教员三人，学生五十五人，每月经费十三元。

至互助第二第三两校，现已止在筹备中，成立日期，当不在远，惟各县学校，均困于经济，不能发展，前途殊为隐忧云。

《新青海》第二卷第一、二期合刊，1934年2月，第182—183页。

青海全省回族教育概况

青海民族复杂，各族教育之发达，故成畸形，自难平均发展。查回族方面，以前尚无专门正式学校，因鉴于是，倡导不遗余力，组织回教促进会于西宁，各县分设分会，整个推进机关，因主事者颇具努力热忱，年来大有长足进展，全省计附设中等学校一处，小学校九十七处，学生已达五千六百五十名，蓬蓬勃勃，大放光彩。兹将各县详情，分述于下：

青海省城总会：青海回教促进总会，附设第一中学校一处，现共有学生一百五十名，采三三制，均为前期，除普通学科外，加授教义、阿文等，每月经费为九百三十八元，现任校长马霄石，有增设高级中学计划，不难实现。完全小学三处，学生共有四百名，每月经费各三百三十三元五角。

西宁县上五庄第一分会：设有完全小学一处，学生现一百八十名，每月经费为二百元。初级小学四处，学生现共有三百三十名，每月经费各一百二十元。

鲁沙尔第二分会：设完全小学一处，学生现七十名，每月经费二百元。初级小学二十三处，学生现共有六百九十二名，每月经费各一百二十元。

门源县分会：设有完全小学一处，学生现七十五名，每月经费二百元。初级小学九处，学生现共有三百九十名，每月经费各一百二十元。

大通县分会：设有完全小学三处，学生现一百零七名，两校每月经费各二百元，一校为三百三十六元。初级小学十一处，学生现共有五百二十四名，每月经费各一百二十元。

民和县分会：设完全小学一处，学生现共有八十五名，每月经费二百元。初级小学五处，学生现共有二百七十名，每月经费各一百二十元。

化隆县分会：设完全小学四处，学生现共计三百七十六名，三校每月经费各二百元，一校为一百二十元。初级小学六处，学生现共有三百九十六名，每月经费各一百二十元。

循化县分会：设完全小学二处，学生现共有二百四十五名。初级小学九处，学生现共有六百名，每月经费各一百二十元。

互助县分会：设初级小学三处，学生共一百四十六名，每月经费各一百二十元。

贵德县分会：设完全小学一处，男生八十名，女生四十名，每月经费二百元。初级小学一处，学生现共有一百二十名，每月经费一百二十元。

湟源县分会：设初级小学二处，学生现共有一百一十二名，每月经费各一百二十元。

乐都县分会：设初级小学二处，学生现共有一百一十二名，每月经费各一百二十元。

同仁县分会：设初级小学二处，学生现共有七十五名，每月经费各一百二十元。

共和县分会：设初级小学二处，学生现共计六十名，每月经费各一百二十元。

全省共计分会十三处，附设各级小学共九十七处，学生共五千六百三十名，经费共一万四千一百三十八元五角云。

《新青海》第二卷第四期，1934年4月，第87-88页。

青海教育概况

/ 杨希尧

一、青海中等教育

青海僻处西北，文化晚开，在民国十八年未设省治以前，所谓中等教育，仅系甘肃省立第四师范学校及筹边学校两处而已，其经费行政，乃属于甘肃教育行政统治之下。

自建省以来，虽经多方努力，增设已达八校，但以人才经济，两感困难。仅以初中为止，青年之欲深造而赴东南就学者，无法衔接，欲服务社会者，则又感于学业期限之短促，生活技能之未备。故现在感觉高中之增设，为办不容缓之图，本年春呈请省府月准三百五十元，在第一中学增设高中一班，现已招生上课，惟限于经费，徒具形式，仍不能谋完善之策，将来尚须扩充，不敢以一班为已足。

至于师范教育，为一切教育之母，尽人皆知，青海过去及现有之师范教育，仅师范讲习科，及简易师范而已，故师范学校之亟待筹办，已至无可再缓之地步，今春几经筹设，而以月准二百一十元之经费，未能实现，拟以省立之简易师范学校为基础，从事筹划，明春望其成功。

青海乡村小学师资之缺乏，亦为不可讳言之实事，而救济之道，惟依赖乡村师范，现湟源县拟筹设乡村师范一处，但尚未筹设，容当努力，以事扩充。

青海地处高原，多数的蒙藏民族，皆从事畜牧，故羊毛之产量，为数不少，只因工业不兴，每年将生货运往天津，廉价出售。近来因受国际影响，销售不利，以致大宗出产，滞留境内，国民经济，大受其害，全省金融因之枯萎，此后若不力谋挽救，则本省富源，将趋于绝境矣。挽救之方，非提倡手工业不为功，而职业教育，为增进人民职工之原动力。是以自去年各级学校，有加授毛编物之设，务使本省毛编工业，得有进展，由学校而渐及于社会，俾出产之大宗羊毛，得有用途，不致利权外溢，对于成品，竭力提倡，人人若能服用土货，实为抵制日货利器。此外对职业教育，除求数量之增加外，力求充实，最近通令各县，于最短时期，筹办工科初级职业学校，及农科初级职业学校，务期职业教育，得有良好之成绩，使社会一般工业，因之大有进步，此其计划改进职业教育之概略也。

青海省中等教育概况表

校名	沿革	当年费	经费来源	学生数	教职员数	教员资格	教员待遇
省立第一中学校	此校初为蒙番半日学堂，后改为蒙番高小学校，旋复扩充为师范学校，至民国十六年改为筹边学校，民国十八年建省始改今名	11129.996元	由本省财政厅支领	208名	38名	大学毕业十分之三，师范十分之四，其他十分之三	每月68元，主要科每小时大洋8角，其他每小时均以6角计算，校长每月70元，其他职员最低限度为20元
省立第一师范学校	民国初元此校为海东师范，后改为甘肃省立第四师范，青海设省遂改今名	25308元	同上	220名	34名	同上	
省立第一女子师范学校	由西宁县立第一女子小学校改组，民国十八年四月成立	13721元	同上	25名	32名	大学专门毕业十分之二，师范毕业者十分之七，其他十分之一	
省立第一职业学校	在前原为筹边学校职业科，到民国十八年青海建省始改今名	14160元	同上	30名	31名	职业专科毕业者十分之一，师范毕业者十分之四，工业十分之三，其他十分之二	
省立第二职业学校	民国十八年由西宁无我小学、竟存小学两校改为省立第一模范两级小学，民国二十一年改为农业学校，民国二十二年六月十七始改今名	9000元	同上	40名	10名	旧制师范毕业者十分之五，中学毕业者十分之三，大学毕业之者十分之一	

校名	沿革	当年费	经费来源	学生数	教职员数	教员资格	教员待遇
省立乐都中学校	民国十九年始行成立仅中学一班,民国二十一年添招师范一班,去年毕业,今年续招中学一班	6800元	同上	79名	12名	大学毕业者十分之二,师范毕业者十分之六,其他毕业者十分之三	
青海省回教促进会附设中学校	民国二十一年元月成立	15336元	同上	70名	20名	大学毕业者占十分之二,师范毕业者占十分之四,中学毕业者十分之二,其他十分之二	
省立蒙藏师范学校	民国二十二年二月十五日成立	4800元	同上	38名	11名	中学毕业者占十分之六,师范毕业者占十分之四,其他十分之一	

二、青海小学教育

本省未建省以前,原系甘肃西宁道属,辖县七,地处偏僻,文化落后,加以距省遥远,一切教育,尚无任何成绩可言,而学校与学生之数量亦少,教育经费,又形短绌,实无发展之可能。自民国七年海东师范成立,小学教育,亦随之而改进,数量亦渐增,是为本省小学教育发展时期。女子教育,亦于此时萌芽。

自民国十八年建省以后,政府对于原有教育,除力加整饬外,并从事学校数量之进步。当时省垣小学教育,顿现一种活泼气象。民国二十年六月,青海教育厅预定计划,凡各县自治区内,设完全小学校二处,每村设初级小学校一处,强迫学龄儿童就学,以期教育普及,在此二三年内,较诸过去,大有蒸蒸日上之象。兹将已成立各小学校之概况及人口与已受教育者之比例,列表于后。

青海省各县小学校教育现状表

县别	高级小学校	教员数	学生数	经费数	初级小学校	教员数	学生数	经费数
西宁	13	74	1548	24000元	150	171	5691	37680元
湟源	3	18	428	9870元	46	56	1848	5780元
大通	3	13	335	1584元	65	71	3510	5974元
贵德	2	10	153	1950元	18	36	585	3020元
乐都	7	35	736	6617元	81	131	1725	7576元
循化	3	10	306	1978元	14	13	486	1290元
化隆	6	18	752	2688元	15	25	521	1626元
互助	7	28	597	3120元	88	90	3077	8711元
门源	1	6	95	894元	20	22	649	1560元
民和	3	1	329	1770元	64	125	2233	11210元
共和	2	6	135	620元	1	1	25	150元
同仁	—	—	—	—	1	3	90	民国二十年由省督学呈准省府在该县皮毛项下加征二成,约在千元以上,惟因今年皮毛停顿尚未办开
合计	50	229	5414	55091元	563	744	20440	84577元
备注	1.各县城市及乡村小学经费,十分之四由教育基金项下生息支付,十分之六由各地自行向居民随时摊征 2.民族教育另表详列							

青海省各县人口及已受教育者之比例表

县别或寺别、族别	人口总数	已受教育者
西宁	163599	15934
民和	54913	3447
互助	94701	10998
大通	83808	5134
门源	22812	1073
贵德	27680	1882
循化	24749	1231
湟源	23715	6884
共和	18025	372
乐都	68741	6460
同仁	54000	200
化隆	23485	1602
都兰	143200	无
玉树	46800	30
果洛族	200000	无
各县寺庙	4546	200
合计	1054774	55447
备考	查本省各县人口共有1054774人,已受教育者有55447人(系包括受大学教育、中等教育、小学教育、私塾教育、补习教育者),约占全省人口百分之四强,至本省各中等学校现有学生数目,一概归入西宁县计算,特此注明	

小学教育之将来计划

目前本省之小学校虽形加增，而未设立学校之乡村，又所在多有。兹为力求推进起见，拟定分期实施计划，以作发展之标准。

调查学龄儿童强迫入学。查小学教育为一切教育之基础，本厅为实行普及，曾令各教育局将学龄儿童，皆勒令入学，并切实调查，尽力督促入学，其不送校就学者，施以强迫手段。

增加学校筹定经费。强迫学龄儿童入校，自必增加学校，按照以前计划，须于每自治区内，择适中地址，设完全小学二校，每村设初小一处，以便儿童就近读书。所需经费，应由省库补助，原青海民众穷苦异常，生活几不能维持，无法就地筹措经费，尚需当局特加补助。

编印课本以适应环境。查现时通用课本，均购自上海，内容虽适东南，而不合于西北，况书商以营利为目的，其编辑课本，多有未适应各省环境，迎合儿童心理。应照本省社会情形及历史、地理，编印课本，以期适用。

训练师资划一指导。各县小学教员，无相当资格程度者，无合法之教授与管理，复无所谓新教育之新思想，此等教员，不但不能推进教育，反为小学教育之障碍。故在师资缺乏时期，应利用寒暑假，筹办师资训练所，施以短期之训练。

三、青海社会教育之现状

查青海以初建省分，对于社会事业，尚未举办，自民国二十年六月，教育厅成立以后，始积极推行社会教育，补助学校教育之不足，然困于经费，实际设施，甚形简陋。兹将省县已办之社会教育事业，列表如下：

青海省各县最近社会教育概况表

县别及种类		机关数			民校数			学生数			教职员数			经费数		
		省立	县立	合计	省立	县立	合计	男	女	合计	男	女	合计	岁入	岁出	合计
省会	图书馆	5		5										300	300	300
	民众书报处	5		5										6400	6400	6400
	讲演所	2		2										100	100	100
	体育场	1		1										60	60	60
	游艺所	2		2										480	480	480
西宁	图书馆		1	1										300	300	300
	讲演所		1	1										60	60	60
	民众学校					13	13	440		440	20		20	2400	2400	2400
大通	图书馆		1	1										35	35	35
	民众书报处		1	1										15	15	15
	讲演所		1	1										80	80	80
	民众学校					3	3	120		120	6		6	360	360	360
	体育场		1	1										50	50	50
乐都	图书馆		1	1										60	60	60
	体育场		1	1										100	100	100
	游艺场	2		2										80	80	80
	民众学校					11	11	320		320	18		18	1540	1540	1540
互助	图书馆		2	2										30	30	30
	民众书报处		2	2										40	40	40
	体育场	1		1										35	35	35
	游艺所	1		1										18	18	18
	民众学校					2	2	45		45	4		4	440	440	440

续表

县别及种类		机关数			民校数			学生数			教职员数			经费数		
		省立	县立	合计	省立	县立	合计	男	女	合计	男	女	合计	岁入	岁出	合计
民和	民众书报处		1	1										22	22	22
	民众学校					6	6	220		220	11		11	480	480	480
贵德	图书馆		1	1										22	22	22
	民众书报处		1	1										15	15	15
	讲演所		1	1										30	30	30
	民众学校					1	1	25		25	3		3	160	160	160
	体育场		1	1										30	30	30
湟源	图书馆		1	1										100	100	100
	民众学校					2	2	55		55	2		2	320	320	320
循化	民众书报处		2	2										120	120	120
	讲演所		1	1										50	50	50
	民众学校					2	2	40		40	9		9	400	400	400
门源	图书馆		1	1										45	45	45
	民众学校					2	2	60		60	6		6	380	380	380
总计		15	26	41		42	42	1325		1325	79		79	15127	15127	15127
附说		化隆、共和、同仁、都兰、玉树等县均无社会教育之设施														
备考		省立各校附设省各会图书馆均系														

（一）省立青海图书馆

青海地处边陲，民族复杂，以教育之未能普及，文盲之多，实居全国第一。故欲求民智之开通，教育之进展，非努力于社会教育事业之建设不为功。盖学校数育，为人生进程中之一段，能受教育者，为一部分青年子弟，多数民众，限于环境，不得享教育之幸福。故此后普及边疆教育，非先行推进社会教育，不足以促进文化，启发民智。是以创设规模宏大之图书馆为第一要务，世界文明各国，在重要城市，莫不设有图书馆。青海居黄河之上游，为秦陇之屏藩，系西北之重心，地位重要，可以想见。故图书馆之设立，实为本省切要之图，然创立规模宏大之图书馆，非有充足之经费，不足以言进行。但以本省财力缺乏，不能从事，正拟恳请中央顾念边省文化之落后，边民思想之闭塞，普及边疆教育之重要，筹措拨款，建设图书馆。适考试院院长戴季陶先生，驾临青海，念及边疆文化，特捐应用书籍三十余箱，计一万余元。青海当局，即从事建筑图书馆，现已落成，需款五万余元，为青海文化事业之创举。

（二）实施巡回文库

青海学校教育既不发达，故文盲充斥，民众知识，极其简陋，所以社会教育，急应切实推行，以补助学校教育之不足，教育厅曾组织巡回文库，以流通图书之方法，增进人民之智识，已另有详细组织条例，以资推行。（兹从略）

四、青海民族教育

青海民族复杂，除汉回而外，蒙藏两族，又占大多数。故提倡民族教育，实为刻不容缓之图，本厅有鉴及此，除将原有学校力加整饬外，对于新的设立，不遗余力。兹将本省民族教育分述之如下：

（一）蒙藏教育之过去

青海蒙藏教育之发轫，实始于清末宣统二年，青海办事大臣，创设蒙古学堂，就学儿童，多为蒙旗子弟。及民国肇造，马镇守使阁臣为联络情感，沟通文化起见，将蒙古学堂，改为宁海蒙番小学校。至民国八年，扩充该校为师范学校，以为推行蒙藏教育之基础，复在玉树、果密等处，设立小学数处，镇署设有专科以司其事，蒙藏教育至此渐具规模。至民国十三年，令各王公派送子弟来西宁就学，蒙藏就学子弟，一时顿形加增。至民国十五年，扩大范围，改为青海筹边学校，添招中学、师范、职业各科。至民国十八年，青海建省，筹边学校，改为省立第一中学校。

（二）蒙藏教育之现状

青海建省以后，对于普通教育，虽极力推进，而于蒙藏教育，尚未顾及，以致蒙藏教育，未得长足进展。至民国二十年，教育厅成立，因鉴于蒙藏教育之重要，首先令各寺院设立小学，继又在省垣成立师范学校，以为培养蒙藏师资之基础，先后设立蒙藏学校，除师范外，大通广惠寺设有小学一处，乐都马营等寺设有小学一处，共和设有小学一处，其余各寺正在从事设备。以上均为完全小学，至于初小全省共有二十处。现在对于蒙藏学校，正力求推进蒙藏教育实施办法，业经呈请省府及教育部备案，并请求拨经费以便推行，一俟将来经费有着，推行尽利，则在二十年之间，可使全青蒙藏同胞，同为识国文国语之人矣。

（三）推进蒙藏教育办法

查青海蒙藏同胞，占最多数，但因受过去华夷歧视，以及政治之影响，以致生活依然游牧，组织仍为部落，智识简单，习俗粗野，生居今世，宛若古代，诚令人言之感叹，见之伤悯也。今欲启迪其智识，改进其生活，与内地同胞共荣共长，同趋进化，舍教育而无由。然以其散处荒漠久安故习，如在内部筹设学校，则以大多数不知国语，固难举办。今欲推进蒙藏教育，应采下列二法：

1.散居黄河以北各县

蒙藏同胞，熟习国语，通晓内情，惟不读书，智识浅鲜，而其生活已入于农业时代，然其习俗，依然牧畜。若设学校，自当较易为力。故本厅采用就地设学办法，其办法与普通设学校相同，稍有不同之处，即在普通情形学校经费可就地筹收，学生用品由其家人供给。而在蒙藏学校，学校经费及学生用品，非由国家支给不可耳。

2.散居与黄河以南各县及海上蒙藏同胞

不知国语，鲜与内地往来，故亦不知内情，在各县者虽经营农业，而在海上及各县边远之区，完全从事牧畜，仍未脱离图腾社会之风气，何论自动求学，即就地设学，亦所不愿。故非采用留学办法，强迫入学不可。兹将办法分列于后：

（1）征收学生

每年一期，每期征收学生六十六名，由教厅呈请省府，分配于蒙藏二族之各部分。遵照选送来省求学，年龄以十岁左右，且无残废疾病者为限，同时并派翻译或与蒙藏感情融洽之人，分赴各部宣传政府意旨，期为彻底了解，免怀疑惧。倘有违拗者，即以抗命论，并予各部分之首领以相当处分。惟此年限及征收人数，系属暂定，二三年后，略着成效，且无阻碍，可斟酌变更而增益之。其分配如下：

蒙古二十九旗，生十四名。

玉树二十五族，生五名。

海南大四族，生十二名。

海南小四族，生四名。

果洛六族，生三名。

郭密九族，生九名。

阿力克族，生二名。

贵德，生八名。

循化，生四名。

同仁，生五名。

（2）入学办法

学生到省之后，不另设专校，即按照征送人数，或五人一处，或七人一处，酌量分配于省垣各小学校，加入初一年级随班上课。课本通用国文教授，亦以国语发蒙启端，渐次诱导，初时或尚隔阂，迨逾三月以后，因受校中环境之影响，及班内同学之习染，语言渐通，书即可读，自与其他学生毫无差异。

（3）膳宿办法

当实行此项办法时，即由本厅于省垣陆续建筑较大宿舍，学生到省后，日间分往各校上课，平时即寄居其内，所有应用之衣装铺被，以及饮食器具等项，均按照内地情形，预先制备妥当，使学生在食饮起居上，均感异常方便与舒适。

（4）修业期限

修业期限，初级四年，高级二年，一律授以国民教育。惟国民教育时间短促，在智识上不过粗具端绪而已。倘以之返归乡里，恐不但不能领导各部，除旧布新，以创造新环境，其结果势必仍为旧社会所屈服，而一切尽复故态矣。故每年终择其程度较好者，应使之升入中学，以期深造，中学学费仍由国家负担，以谋延长求学日期。

（5）毕业后之待遇

今为提倡蒙藏教育起见，应将毕业学生，格外优遇。除将中学毕业学生，择其优秀者，由政府咨送国内专门以上学校留学外，皆分发各部充任公务人员。如此，则中学毕业生，既可致用其能，取得相当地位，更可使蒙藏各部人民，推崇礼敬，激发其资送子弟入学之热心。诚以蒙藏二族之崇敬心理及信仰观念，倘能利用之，使集中于教育，则不惟教育可日趋发达，即他日开发建设，亦属易事。

其留学分配如下：

每年将其优秀分子，择出十名，以十分之二送政治学校，以十分之二送实业学校，以十分之二送军事学校，以十分之二送师范学校，以十分之二送其他学校，以期于毕业后办理海内政治、军事、教育、实业各事。

（6）伴领人员

今强制蒙藏幼龄儿童，别父母，离乡曲，居此言语隔阂、习俗不同之省会。若无其本族之人以伴随左右，势难久处。故拟由教育厅事前雇用蒙藏二族较勤劳之人，在寄宿室内，伴护抚育，或十生一人，或三五生一人，此如育婴院中之有乳娘，幼儿园内之有保姆，可使学生安心向学，不至思念家乡。

（7）奖励办法

倘某一部分之学生，每届毕业经考试而成绩最优，或毕业人数较多者，除给本人以奖赐外，并予其家庭及其本部以极荣誉之奖赐，更将其情形通传各部，鼓励各部儿童向学之心及各部对于选送子弟求学之意趣。至于各种奖励办法，当随时参酌情势而定，总以迎合当时一般心理为必要。

（8）经费问题

今既为蒙藏同胞谋利益，以兴此举，所有一切费用，应归政府完全筹付，分毫不取于其本身，则蒙藏各部，自必乐于从命，至经费实需若干，未敢事先决定，盖蒙藏教育推进之动力，全恃经费之多寡以为断，经费充裕，规模可大，经费若少，规模自小。惟以青海财政之困难，无法筹办，纯恃中央，每年筹拨十万元以为兴办之资，如能实现，不出十年，蒙藏教育，当可普及。

（四）回族教育之概况

本省民族，除蒙藏两族以外，回族尤占多数，故回族教育设施，亦为当务之急，以往回族教育包括于普通教育之内，各县回族子弟，不多入学之人。自回教促进会成立，设有中学建筑完成足容学生三百人，为省垣最大最新之学校，现有学生二百余人，分为三级，教职工二十余人，内部组织，尚称完备。并设有小学三处，学生共五百余人，归该会直接办理，至于各县小学，由各县促进分会负责办理，兹将现时状况，列表于下，并将改进意见述之如下：

回族教育进展虽属可观，而质的一方，尚多欠缺。嗣后对于各校内容，除极力从事充实外，并于学生精神极力如以训练。

回族教育办理虽属得当，而经费困难，于进展上不无有碍，嗣后对于经费方面，得任充实，尤望中央予以补助。

对于师资，尤必尽力培养，发展之基础，其组织及课程方面，尤必力谋统一。

青海省回族小学教育现状表

县别	完全小学	教职员数	学生数	经费数	初级小学	教员数	学生数	经费数
西宁	3	24	570	10400元	28	82	1126	22600元
湟源	—	—	—	—	1	3	52	1700元
大通	1	9	107	2400元	11	30	524	8800元
贵德	1	7	120	2300元	1	6	120	2000元
乐都	—	—	—	—	1	3	60	180元
循化	2	12	245	2700元	9	25	478	7950元
化隆	4	15	376	4800元	6	18	396	4800元

续表

县别	完全小学	教职员数	学生数	经费数	初级小学	教员数	学生数	经费数
互助	—	—	—	—	3	9	146	2400元
门源	1	4	72	1200元	9	28	410	7200元
民和	1	6	85	1200元	5	16	270	4000元
共和	—	—	—	—	1	2	50	600元
同仁	—	—	—	—	1	3	60	600元
合计	15	77	1575	25000元	76	225	3692	64450元
备注	查回族教育尚有中学一所,已详第一章中等教育,兹不复赘							

《新青海》第二卷第十一期,1934年11月,第45—59页。

青海中等学校调查

校名	校址	学级数	学生数	教职员数	每月经费	负责者
省立西宁高级中学校	城内西街	高中一级 简易四级	212人	38人	2605元	穆建业
省立西宁初级中学校	城内先觉街	共三级	182人	37人	1260元	王守钧
省回教促进会设西宁初级中学	城南关外	共三级	182人	20人	1278元	马霄石
省立西宁工业学校	城内职业街	工科三级 农科二级	183人	56人	1930.95元	马绍武
省立蒙藏师范学校	城西门外	二级	60人	18人	400元	吴世瑾
省立西宁女子简易师范学校	城内公安街	四级	64人	22人	1143.46元	蒲志
省立乐都初级中学校	城内西街	二级	29人	10人	566.66元	吴邦振

《新青海》第三卷第十一期，1935年11月，第59页。

青海乐都县之学校调查

一、省公立学校

学校名称	地址	全年经费之来源	教员	职员	学生
乐都中学及附属小学校	本城仓门街	5700元,每年由地方款内补助2100元,由青海省政府补助3600元	9	2	153
青海省蒙藏文化促进会附设第一高小学校	羌洞山	740元,由县府领得地方款50元,由张家、芦花、马营三寺共负担300元,冰沟堡负担100元	3	1	54

二、县立完全小学校

学校名称	地址	全年经费之来源	教员	职员	学生
第一小学校	本城东关	1200元,发行生息基金银4350两,年得息607元,清明社得息60元,学费200元,由县府领得地方款200元,验粮款十分之二,租粮变价30元	7	1	383
第二小学校	高庙镇	1000元,发行生息基金银500两,年得息银66两,由县府领得地方款200元,学费130元,西平顶租粮变价182元,验粮款百分之五,斗秤行承纳费24元	4	1	150
第三小学校	大洼村	950元,由县府领得地方款200元,西平顶租粮变价120元,民众捐助基金得息60元,学费50元,验粮款百分之五	4	1	90

学校名称	地址	全年经费之来源	教员	职员	学生
第四小学校	瞿昙寺	700元，每年由第三区民众负500元，由县府领得地方款150元，学费20元，验粮款百分之五	3	2	53
第一女子小学校	本城东关	990元，由县府领得地方款380元，录状生承纳48元，斗秤行承纳费24元，胜番沟租粮变价20元，递状费100元，龙王庙租粮变价8元，验粮款十分之二	3	1	68
第二女子小学校	高庙镇	550元，由县府领得地方款160元，下河滩租粮变价30元，胜番沟租粮变价10元，高庙店捐120元，验粮款十分之一	2	1	30

三、区立初级小学校

第一区					
学校名称	地址	全年经费之来源	教员	职员	学生
第一初级小学校	天古城	145元，基金银120两，年得息银28两	1	1	18
第二初级小学校	达子湾	120元，基金洋294元，年得息麦一石四斗七升	1	1	31
第三初级小学校	杏园庄	75元，基金大钱200元，年得息钱40元	1	1	25
第四初级小学校	羊圈庄	82元，基金银160两，年得息洋48元	1	1	34
第五初级小学校	雨润庄	77元，基金洋310元，年得息洋74元	1	1	30
第六初级小学校	河滩寨	125元，基金洋50元，年得息洋14元	1	1	42
第七初级小学校	下杨家	120元，基金洋127元，年得息洋8元	1	1	30
第八初级小学校	麻儿洞	25元，每年由地方民众负担	1	1	25

学校名称	地址	全年经费之来源	教员	职员	学生
第九初级小学校	袁家台	70元，基金洋104元，年得息洋25元	1	1	29
第十初级小学校	甘沟山	50元，基金大钱200元，年得息钱48元	1	1	17
第十一初级小学校	祁家堡	85元，基金大钱110元，年得息钱27元	1	1	19
第十二初级小学校	红嘴庙	77元，基金洋150元，年得息洋36元	1	1	45
第十三初级小学校	许家寨	75元，每年由地方民众担	1	1	20
第十四初级小学校	八里桥	148元，基金洋301元，年得息洋69元	1	1	44
第十五初级小学校	新堡子	150元，基金洋220元，年得息洋53元	1	1	31
第十六初级小学校	赵家湾	70元，每年由地方民众负担	1	1	36
第十七初级小学校	土官口	120元，每年由地方民众负担	1	1	36
第十八初级小学校	徐家沙沟	88元，每年由地方民众负担	1	1	27
第十九初级小学校	水磨营	100元，每年由地方民众负担	1	1	34
第二十初级小学校	下寨子	100元，每年由地方民众负担	1	1	39
第廿一初级小学校	羊官寺	114元，每年由地方民众负担	1	1	26
第廿二初级小学校	教场庄	110元，每年由地方民众负担	1	1	27
第廿三初级小学校	西岗子	80元，每年由地方民众负担	1	1	16
第廿四初级小学校	东岗子	120元，每年由地方民众负担	1	1	30
第廿五初级小学校	赵家庄	85元，每年由地方民众负担	1	1	21
第廿六初级小学校	高家庄	80元，每年由地方民众负担	1	1	37
第廿七初级小学校	迭儿沟	130元，每年由地方民众负担	1	1	27
第廿八初级小学校	杨家岗	80元，每年由地方民众负担	1	1	26
第廿九初级小学校	对把子	103元，每年由地方民众负担	1	1	35
第三十初级小学校	上杨家	54元，每年由地方民众负担	1	1	19
第卅一初级小学校	王家滩滩	75元，每年由地方民众负担	1	1	42
第卅二初级小学校	仓岭沟	90元，每年由地方民众下粮负担	1	1	36

第二区					
学校名称	地址	全年经费之来源	教员	职员	学生
第一初级小学校	长里店	160元，基金洋610元，年得息洋901元	1	1	60
第二初级小学校	旱地湾	50元，年得息55元	1	1	32
第三初级小学校	白崖子	95元，每年地方民众负担	1	1	27
第四初级小学校	老鸦城	100元，基金洋368元，年得息洋88元	1	1	40
第五初级小学校	姜湾庄	72元，基金洋134元，年得息40元	1	1	26
第六初级小学校	细龙沟	95元，每年按地方民众负担	1	1	30
第七初级小学校	冰沟堡	90元，每年地方民众负担	1	1	23
第八初级小学校	马莲沟	80元，基金196元，年得息洋39元	1	1	15
第九初级小学校	龙王岗	70元，基金洋18元，年得息洋4元	1	1	20
第十初级小学校	大湾塘	86元，基金洋50元，年得息洋12元	1	1	25
第十一初级小学校	脑庄	100元，基金洋87元，年得息洋17元	1	1	18
第十二初级小学校	交界湾	140元，基金洋160元，年得息洋45元	1	1	32
第十三初级小学校	河儿茨	116元，基金银177两，年得息银31两	1	1	20
第十四初级小学校	马圈庄	106元，基金银100两、小麦一石二斗，年得息银18两、麦四斗二升	1	1	26
第十五初级小学校	卯寨沟	120元，基金洋180元，年得息洋32元	1	1	31
第十六初级小学校	下西山	100元，基金洋120元，得息29元，基麦一石三斗，收息麦四斗	1	1	47
第十七初级小学校	石嘴岭	120元，基金洋152元，年得息洋36元	1	1	30
第十八初级小学校	石嘴子	93元，每年地方民众负担	1	1	36
第十九初级小学校	汤官营	84元，基金学田一处，年收息粮小麦106斗	1	1	39
第二十初级小学校	双塔营	103元，基金洋84元，年收息25元	1	1	35

续表

学校名称	地址	全年经费之来源	教员	职员	学生
第廿一初级小学校	双沟堡	120元,每年由地方民众负担	1	1	25
第廿二初级小学校	下王家	90元,基金洋400元,年收息洋48元	1	1	25
第廿三初级小学校	集鸾堡	130元,基金洋280元,年收息56元,山地二石,收息六斗	1	1	45
第廿四初级小学校	马家营	100元,基金洋25元,收息30元	1	1	22
第廿五初级小学校	阿鸾堡	100元,基金洋270元,收息52元,学田地收息麦九斗五升	1	1	38
第廿六初级小学校	候白家	35元,由地方民众负担	1	1	12
第廿七初级小学校	白崖子岭	95元,基金洋100元,年收息20元	1	1	6
第廿八初级小学校	八架山	130元,基金洋280元,年收息麦六斗	1	1	30
第廿九初级小学校	山庄	100元,每年由地方负担	1	1	32
第三十初级小学校	分路庄	116元,基金洋300元,年收息72元	1	1	27
第卅一初级小学校	芦花寺	120元,基金洋144元,收息洋34元	1	1	30
第卅二初级小学校	蒲家墩	120元,按地方下种子负担	1	1	25
第卅三初级小学校	碾县岭	110元,每年地方民众负担	1	1	35
第卅四初级小学校	大水泉	90元,每年地方民众负担	1	1	34

第三区					
学校名称	地址	全年经费之来源	教员	职员	学生
第一初级小学校	七里堡	100元,基金洋600元,收息100元	1	1	52
第二初级小学校	深沟堡	40元,基金洋50元,收息18元	1	1	42
第三初级小学校	高店子	58元,基金洋248元,收息59元	1	1	41
第四初级小学校	把藏沟	100元,按地方下种子负担	1	1	20
第五初级小学校	白土庄	90元,按地方下种子负担	1	1	36
第六初级小学校	卡金门	40元,基金洋130元,收息33元	1	1	31
第七初级小学校	叶家沟	30元,每年由地方负担	1	1	27

学校名称	地址	全年经费之来源	教员	职员	学生
第八初级小学校	马莲湾	80元,每年由地方负担	1	1	18
第九初级小学校	拉甘驿	45元,每年由地方负担	1	1	28
第十初级小学校	山城庄	80元,每年民众负担	1	1	20
第十一初级小学校	上帐房	85元,由民众按下种子负担	1	1	32
第十二初级小学校	陶家庄	20元,基金洋100元,收息20元	1	1	14
第十三初级小学校	那能沟脑	96元,基金洋40元,收息10元	1	1	25
第十四初级小学校	洛哇沟	150元,按地方下种子负担	1	1	45
第十五初级小学校	大麦沟脑	95元,基金洋400元,收息96元	1	1	53
第十六初级小学校	嘛呢台	70元,基金洋100元,收息24元	1	1	19
第十七初级小学校	徐家台	32元,地方民众负担	1	1	20
第十八初级小学校	下帐房	63元,基金洋260元,收息62元	1	1	35
第十九初级小学校	上营庄	62元,基金洋260元,收息62元	1	1	24
第二十初级小学校	熊家庄	87元,基金洋100元,收息24元	1	1	41
第廿一初级小学校	许家堡	90元,按地方下种子负担	1	1	24
第廿二初级小学校	官路湾	80元,按下种子负担	1	1	17
第廿三初级小学校	斜沟门	42元,由地方负担	1	1	19
第廿四初级小学校	浪角营	100元,基金洋400元,年息洋96元	1	1	15
第廿五初级小学校	那能沟口	90元,由地方民众负担	1	1	32
总计	99		126	106	3582

注:1.全县无男女合校之学校。

2.学生毕业后大半升学,其余服务社会或在家耕田。

3.区公所已撤销,今后区立学校校名亦须改变。

《新青海》第四卷第一、二期合刊,1936年2月,第79—85页。

西宁县教育局民国二十四年度
改进全县教育计划

一、绪言

教育事业日新月异，原无一定标准，固不能胶柱鼓瑟，必审度地方之情势，适应社会潮流，因时推进就地设施方能收普及教育之效。本县教育较之过去各方不无进展，然近年因环境之逼迫，农村穷困俾使教者用力多而成功鲜趋，实际困难种种，改进无由，今拟定具体计划以作今后推进之方针，兹举要点以期实行。

二、局务

本局事务原定每月开局务会议一次至三次，以期逐渐进行，因近年学校增加事故纷沓，拟每月会议三次至五次，遇必要时得临时会议。

各高小学应办事项，往往以书面往来不能直接协商，多费时间手续，即事实上每多隔阂之处，拟每月举行校长会议一次议决各件，依次办理。

本局原设文牍员一人，年来公事倍蓰于前，每有不到之处，拟设文牍股主任一人，股员一人；以求敏速，学款增加一万数千元，收支员增加一人，势难兼顾，拟设会计股主任一人，股员一人，以资助理而重公务。

三、改进高级小学

增加教员扩充班次。本年高级小学内无论在城市在乡村学生均增加，异于往年，教室不能容纳，桌凳不敷，分布教员、教授亦感困难，各校多有分班之举，拟定城市学校增加教员二人，乡村学校增加教员一人，以资教授而免困难。

实行新生活。饬令各校注重新生活运动，以资提倡而作模范。

四、整顿初级小学

注意人选。本年初级小学校教员，一律由教育厅核定合格人员内选派之，未经核定教员尽行取缔。

规定经费。近年收成不丰，人民困难，各区村小学学董与教员因经费而起冲突者不可胜数，本局拟定以学区之大小规定小学教员薪金数目，以昭平允而免争持。

改良短期小学。各区村未设初小之村庄，以前成立之短期小学设备稍形完善，办有成效者一律改为初级小学以资进展。

五、实施社会教育

本局本年内筹设阅报室一处、图书室一处，陈列各种报章书籍，以备民众阅览并置管理员一人，每日住守以负招待指导之责，暇时仍为书记工作。

督促各区高级小学校均须附设民众书报处。

饬令各区村各高初小学校，于每月召集学董及学生家属开谈话会一项，并讲演宣传新生活等大意。

各区村督促成立之民众学校，由督学校令其继续筹办，切实督察，期收实效。

六、扩充女子教育

女子学校省城内仅中山女校、师范附小两处，现在社会进化风气开通，女子受教育者日多，只此二校大有不能容纳之势，拟于省城内东南角方面筹设女子初小一处，并令各区高级小学校内招收女学生一班，以资提倡。

七、筹措教育经费

整理基金。各区各级小学之基金，向由该区村学董经管，时有蒙混，均须彻底清算，重新换约以免浸吞紊乱之部。

征收学费。近年高级小学因学生陡增之故，原有经费只可维持现状，若欲进展不敷甚巨，当此农村破产之际，欲筹无术。拟请教育厅补助省款事实上不能办到，兹就高级小学学生每人征收学费若干，积少成多以资补助，其征收规程另定之。

整顿学田。凡各区小学之学田，一律实地调查清楚，将地段斗数造具清册呈报立案，并将租种花户及应纳租子重新清理，以免谬误。

八、严行视察

各区村学校每学期视察一次，分别优劣予以惩奖。

省内高级小学本年先由局长随时视察，以观察各校改进之实状。各区村先由督学视查，次由局长视查以资督促，以免查过即行废弛之习惯，本计划应呈请教育厅核准之日实行。

《新青海》第四卷第四期，1936年4月，第44—46页。

青海省西宁县教育局概况

　　西宁县教育局变迁之概况，查西宁全县教育经费向无统系，自清光绪三十二年改变学堂，以湟中书院膏火及文社等款作为学款，设有第一高等小学、兴文两等小学，各校自行经管至民国四年夏，甘肃省祝学杨汉公到宁清厘学款，将各校基金通盘分配，以归划一始，照章成立劝学所，为全县教育总机关经管全县教费，即会同西宁县长请委岁贡生基生兰为劝学所所长文牍兼书记，一人收支兼会计，一人所差，本城报恩祠东小院为办公地点。民国五年设劝学员三人，分赴各乡劝导兴学。民国六年由甘肃教育厅长改为劝学所长，组织仍旧。民国十五年奉令改为教育局局长，以下劝学员三人因薪费太少后并为一人。民国十八年基局长辞职，由青海省教育厅委任贾思复接充尔，时青海省初建，事务纷繁，局费无着，职员仍旧，且局址为教育厅占用办公，无地遂将洪觉寺街旧义学破房屋一处，自行设法筹措修理费，自七月动工至十一月完竣，始有今日办公局址。民国十九年增加书记一人，油印生一人。民国二十一年因历年学校逐渐加多，督学一人视察不周，故樽节经费，呈请添设督学一人，由教育厅令委在案，并增加书记一人。民国二十二年增加书记二人，所有职员履历另表呈赍各级小学校历年增加数目。

　　西宁自民国初元开办学校以来，除原有高等学堂（即今之一高）、两等学堂（即今之二高）两校外，其余义学改为初等学堂者十有五处，及乡区初等学堂二十处均系私塾性质，有名无实。民国八年增设第三高级小学。民国十二年增设第四高级小学。民国十三年增设第五、第六高级小学。民国十五年教育局极力整顿所有高级小学六处，初级小学一百五十余处。民国十七年增设第七、第八、第九等三处高级小学。民国十八年增设第十高级小学、天主堂高级小学等高级小学十处，初级小学叠增为一百八十六处。惟民国十九年互助县成立划分高级小学三处、初级小学五十六处。民国二十二年由第一区第一初级小学增添高级科名为县立第十、第四区徐家堡初级小学。于民国二十三年春增设高级科名为县立第十一高级小学，并将中山女子小学，省府直辖之锐威小学归教育局统辖，现共有县立男女高级小学十三处，内有天主堂私立高级小学一处，初级小学一百五十三处，现正积极增设。

教育基金生息及各项租益收入总数方面，查教育局经管全县教育基金，至民国十八年接管时原有银二万一千四百零八两，月利一分行息，全年十二月共生息银二千五百六十八两九钱六分，以八钱折洋三千二百一十一元二角。并收全年铺房学田租益，折合洋五百七十一元一角零二厘，教费不敷甚巨。自民国十八年后，增加基本大洋五千九百三十三元九角，全年可收息金一千零六十八元有奇。迨至民国二十年春，请县府举开全县教育行政会议，筹出学款洋九千元，由此本县教育经费历届增加稍能敷用。查本县向无社会教育之设施，一般民众苦无求智机会，教育局为从事普及教育，乃于民国二十二年成立民众书报处一处，图书馆一处，现正从事扩充中。

《新青海》第四卷第四期，1936年4月，第46—47页。

青海之新闻事业

青海地处边陲，交通阻塞，文化落后，自民国十七年划入西宁道与甘肃分省后，政治始有进展，新闻事业，亦随之萌芽。

当未开省以前，青海无所谓"新闻纸"，仅在民国十五年间，西宁县每周出有小张"党报"一种，系毛笔手写五六份，张贴街冲，为墙报性质，内容及其制作，迨不足称。后又有《中山周报》出现，改用石印印行，份数增至六十份，转载外报消息，略具新闻纸之意识。

民国十六年诞生《妇女月刊》，为青海妇女界唯一言论之报纸，每月石印一小张，一百五十份，未出数期，乃即停办。

民国十七年青海省政府成立，主办《新青海》日报一种，是为新闻纸之开始，因经费为政府开支，故进行顺利，每日连丝纸石印两张，一张载国内外及本省各项新闻，一张为副刊，或言论文艺等。后又主办《青海民国日报》，形式与印刷，与《新青海》相同，二者国内外新闻来源，要皆采于外埠报纸，本省消息为政府例行公文事件而已，社会人士多未注意，虽日出二百份，皆系赠阅，无法售出，故其所得效果，渺乎其渺。

民国十八年青海设省，《新青海》易名为《青海日报》，继续出版，至民国二十年因经费问题，缩小组织，直隶省府秘书处。《青海民国日报》亦为省特派员办事处接办。民国二十二年度，中央拨发青海铅印机一架，该两报遂由石印改版，日出一张，系运丝纸单面印，其大小与字数，仅可当北平小报之半面，消息来源，大宗仰给于广播无线电台，约占全版四分之三，余为本省新闻及广告等，因广告及订购者寥寥无几，致报纸本身无所生产，二者每日均印发二百份左右耳。

通讯社之开办，民国十八年间《湟中通讯》曾一度出稿。民国二十一年冬，北平正闻通讯社筹设青海分社，民国二十二年二月十日成立，民国二十三日开始发稿，为通讯社之正式开始活动，斯年十二月因故停办。今年一月二十日，青海电讯社创立，二十八日开始发稿。

外县大通有《大通周报》，互助有《互助周报》，其余尚有其他学术性质之旬刊、周刊等二三种外，全省别无新闻纸也。

至各报社现状，兹分述如下：

青海日报：为青海省政府主办，直隶该府秘书处，现任社长为张祐同，系该处第二科科长，其中发行编辑各部无专设，人员皆为秘书处职员兼代，非独立组织也。（按该报现已停刊）

青海民国日报：为青海省特派员办事处主办，直隶该处，现任社长原春辉，系该处组织干事，专设编辑人员负责编辑，故排版及稿件，均为出色。

正闻通讯分社：为北平正闻通讯社所分设者，社长为安立绥，现已停刊。

青海电讯社：为私人联合组织，努力输通西北消息者，现任社长陈秉渊，开办甫月余，除按期出稿外，并拟编印记载西北之丛书，其第一册为《青海丛编》，现已脱稿，将待印行。

省垣各报社，前曾筹设"记者公会"，惜未成事实，故此刻尚无团结组织也。

《新青海》第二卷第七期，1934年7月，第44—45页。

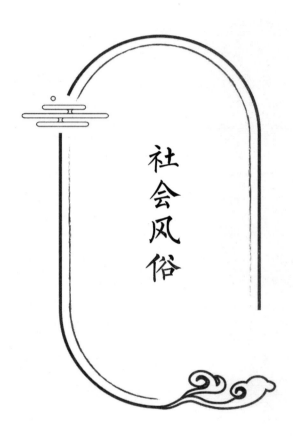

社会风俗

现在的都兰

/ 梁炳麟

青海都兰，虽在民国十八年正式设县，但因交通的不便及支持乏人，一切情况，极其隔膜。兹篇为梁君任该县县长后，悉心调查所得，今特辟一栏，刊露如此，以为国人研究边经问题之一助。

——编者

一、疆域沿革

（一）历代沿革

都兰县位于青海之西，本禹贡西戎所居，殷周历属西羌，汉属张掖、武威等郡。王莽置西海郡。筑五县达海，烽燧相望。后汉、魏、晋均属诸羌，继为吐谷浑所据，隋初平之，置西海河源等郡，旋复为其所有。唐初佛教盛行，吐蕃灭之，由是信佛成俗，宋代仍之。元属贵德县，明为西番地，正德四年为蒙古部酋所据，名曰海冠。清初有蒙古额鲁特顾实汗者，自西北侵有此地，遣使通贡，封"遵文行义敏慧"。藏族多远徙黄河南部，向蒙古纳租支差。康熙间，既平噶尔丹、台吉札什巴图尔等来朝内附，封爵世袭。雍正元年札什巴图尔之子罗布藏丹津作乱，既平，乃分别编制藏族为二十九旗，自是蒙人之势力渐渐衰弱，前远徙河南之各藏族，又均仍来游牧于环海各地，谓之环海八族，千户以上要千户一人，百户以上要百户一人，不及百户者要百长一人，各由西宁卫发给委牌，准其世袭，民国仍之。

（二）设县年月

前护军使民国八年设置理事署于都兰寺，实为设县之先声。惟设治以来，始因蒙藏同胞游牧为生，对于政治无深切之认识，又以经济及事权所限，历任官员未能大加设施，是以十余年来政绩毫无明显进步。民国十八年夏，炳麟奉令调查县治，曾遍历海西各处，对于县政事宜，切实开导，并勘定县治地址应改建希里沟（参阅青海丛书调查报告编）。

（三）名称变更

都兰于民国十九年改县后，王前县长振纲即于希里沟建设县政府，而名称仍无变更。只以事未克竣工，于民国二十年秋八月全体人员相率离去，县民还以为王县长既去，县治即可取消，于是大加摧残王前县长苦心所经营之县府及水磨，自是概遭毁损。

（四）辖境损益

民国二十年冬，炳麟奉令承乏，因感种种困难，延至民国二十一年春三月始到县，乃鸠工修理，暂住都兰寺。初至此间，农业未兴，粮食缺乏，县府人员几于无法支持，随带驻军给养更感困难，加以辖境未定，行政毫无所思，村舍寥落，满目尽属荒凉，言念及此，殊堪浩叹。乃定期召开各旗联欢大会，借资联络感情，并面商一切要公，而于开垦、筑房诸事宜，尤为再三晓谕，以冀其觉悟，改善生活，与内地各民族得同一之进步，是炳麟之厚望也。都兰自设置理事署以来，辖境无所损益。

（五）四至境界

查都兰县境向未勘定，行政上极感不便，乃派员调查县境四至，步得里数，以确定辖境之面积，而便行政设施。费时三月之久，略具大概。计东北以大通河源与门源分界，东至克拉牙壑与湟源分界，东南以沿海东岸海南之哈图其沟与共和县分界，南以星宿海为界，西南以巴颜喀拉山与玉树县分界，西至噶顺山口及勒科尔乌兰达布逊山脉与新疆分界，北以祁连山与甘肃分界。

（六）纵横里数

查都兰东西约一千五百余里，南北约九百余里，截长补短，全县面积共约六百七十五万方里。

（七）区村镇堡

查都兰人民尚系游牧生活，并无区、村、镇、堡之设，兹为行政便利起见，现拟划全县为十五行政区域。

二、种族户口

都兰境内除少数营商之汉、回外，余全系蒙、藏二族。查都兰蒙旗共有帐房、土房四千三百一十余户，每户以四口计之，共约有一万七千二百四十余口；藏族共约有帐房二千六百余户，每户以四口计之，共约有一万零四百余口。总共蒙、藏二族有帐房六千九百余户，约合二万七千六百四十余口。

三、风俗习惯

（一）生活嗜好

蒙、藏妇女每日黎明即起，作饭、挤奶、放牧牲畜、汲水、磨炒面、制酥油及奶饼。客至，烹茶、作饭，招待极为殷勤。日暮，将牲畜一一用绳系上，复挤奶子，作晚饭，老小一齐就寝后，伊始于牲畜附近处寝。而男子则安坐而食，除缝衣、守户、嗅鼻烟、谈天外，几无所事。其鼻烟制法，系以烟草和牛羊乳为饼，履酒坛上数十日，晒干碾细为粉，可避瘴气。常人嗅之或伤脑以至于晕，蒙、藏人则夹以两指仰鼻而嗅之，无碍之。常见与客坐，一小时或嗅数次，犹平原人之嗜烟草也。而于鼻烟瓶尤为宝贵，瓶以古磷或珍为之，外饰以文彩雕琢，并以氆氇为套，行坐不离身。而又嗜酒成癖，每逢宴会不醉无归，此蒙、藏族生活嗜好之概况也。

（二）饮食居处

蒙、藏饮食以糌粑、牛羊肉、奶子、奶渣等物为主，惟糌粑及牛羊肉等食物性燥而滑腻，一日无茶则病，故藏人无论贫富贵贱，而茶则一日不可或缺。煮茶之法，将茶熬成极红色，蒙人则调以奶子及盐，藏人则多饮清茶，间亦有调奶子者，盐则不多用。而食饮多用手，不用箸吃，炒面则用木碗，食毕以舌舐之，然后藏于怀中，蒙人除王公用箸外，其余与藏人同。惟蒙、藏居处不同，蒙族住蒙古包，藏人则住黑帐房。蒙古包系以木制圆形之架，外覆以毡，有门户、有天窗，夏冷而冬温，风雨不透，故较帐房为安适。蒙古包普通每顶值洋七十余元，黑帐房系黑羊毛所制，每架不过数十元，无门窗，风雨亦不能隔，故俗有"外边大下，里边小下"之谚。内中布置约略相同，男左女右，中置锅头，惟蒙人正中供佛像，而藏人则于右上方供佛像。客至，则均坐于左边。此蒙、藏人饮食居处之概况。

（三）服饰用品

蒙、藏服饰大同小异，如服大领之衣、牛皮之靴，袖长及地，妇女腰前系一小银链，满系锁钥、牙签、挖耳、镊子、火镰、小刀，以及男子随身所带藏佛、番刀、鼻烟瓶等物均同。至帽子则不同，蒙人帽多系圆顶毡帽，镶以金黄色边；藏人则系上尖下大之羔皮帽，现蒙、藏人亦多常戴礼帽。而妇女服饰尤为奇异，蒙妇将发辫分辫为二，置于胸前，上缀以珍珠、珊瑚或银质圆牌六枚至八枚不等，头戴上尖下大之红绿色或圆顶毡帽，手戴银镯及银戒指，耳戴金银缀制之耳环；藏妇发辫亦分为二，惟置于脑后，上缀以珍珠、珊瑚或银碗八个或十二个不等，左手戴银钏，右手戴砗磲圈，耳戴金银，镶绿松石，后有小钩穿于耳。至于未嫁女，则脑后另分一辫，辫上带宝石、珍珠、珊瑚，除不带宝剑外，则与男子无异。此蒙、藏服饰用品之概况也。

（四）婚姻丧葬

蒙、藏婚姻制度大致相同，虽有父母之命、媒妁之言，必须得当事人之同意，而后可颇似近时自由恋爱之习尚。双方同意后，男方即请媒人持酒一瓶、哈达一方，赴女家求婚，女家若收下，婚姻即可以成，若不收即示拒婚。聘礼纳后，双方即议彩礼，或用牛、马、羊只，或用布帛、氆氇以及首饰一切物品。彩礼既定，即由坐家僧或佛爷择日以娶。届期，新人盛装骑马，送客簇拥，以经选择吉日，男女均停止工作。是日，男家邻人着新衣以贺，男子则骑马，妇女则专事招待，并于宴会席上唱曲，以助兴趣。新娘至家，依次拜见翁、姑及佛像，新郎携新妇入帐房，饮食。婚礼告成，其父母即持哈达并礼物去见王公、千百户，告以儿已成家娶妻之事，请求关照一切。此后分居或合居，亦不一定。此都兰蒙、藏结婚之概况也。

蒙、藏丧葬仪式大致相同，凡人死后，即请喇嘛或佛爷选择吉日，将死尸折成三折，用驼或牛驮送山野，任禽兽啄食净尽，则为升天吉祥，否则谓其生前罪孽过大，禽兽不食其肉。又人死后，一面择日将尸送至野外野葬，一面请佛爷或喇嘛念经，其念经日期视产业之多寡以为定，然至少要念三天，至多不超过四十九天，念经完毕，或施予死者家产之一半，或施牛、马、羊、驼，或施酥油、炒面不定，惟视其贫富如何耳。至于服孝，藏人父、母、兄、弟丧，服孝均为一年，其服孝期内，反穿大衣均系七天；惟父母丧，反戴帽子一年；兄弟丧，则仅将帽子一边向里折戴一年，此藏人服孝之情形也。蒙人父、母、兄、弟丧，均为一月；其服孝期内，父、母、兄、弟丧，均反穿大衣七天；父母丧，反戴帽子一月；兄弟丧，则反将帽子一边向里折戴一月，此蒙人服丧之情形也。至喇嘛死后，则用火葬，将灰筑于塔中。

四、山川气候

（一）山川名称

都兰四面环山，岗峦起伏，北有阿汉达勒山，迤北有拜王图岭及黎头山，极北之祁连山，东及东北为布喀山、磁窑山、欧西喜山、金山、克拉山、阿米晒石庆山、干珠其老山。南镜群山重叠，为貌木克大山之支脉，内最大者有下力哈扎更山、八颜五支山，迤南为貌木克大山，东南有布青山及当哈伊麻图山，西南有巴颜喀拉山，正西有噶顺山及勒科尔乌兰达布逊山脉。

河，有布喀河、哈拉西纳河、八色河在县之北，郡子河、且吉河、巴汉乌兰河、伊克乌兰河等在东北，皆注入海中。正东入海之北大力麻河，入察卡盐池之柴集河，入窝兰泊之都兰河。南区有察察香卡河、哈拉哈图河、引得勒河、察汉乌苏河、玉胡雷河。西南有乌拉斯河、那莫浑河、舒噶河、白河等均汇入迤西之柴达木河、巴哈淖尔河、达布逊湖、布隆吉尔湖。西北有塞什克过力河、巴延河、博门果勒河、却尔根果勒河、胡鲁湖，正西之古逊湖、乌尔丁湖、伊哈淖尔湖、库赛湖等湖泊。

（二）山脉形势

西境有昆仑山之二支东进，绵延盘曲，包括于青海沿岸，为一大高原，成都兰天然之区域，兹分述于下：

南支为巴颜喀拉山脉自西东行，横亘于青海中部，为都兰、玉树之分界山，至娘磋族境，分为二支：北支为貌木克大山，即积石山脉，分衍于县之东南为布青山、当哈伊麻图山，与北之祁连山支脉连接，香日德之八颜五支山、鄂颜黄山，察汉乌苏之下兰木苏山、黑斯山，哈拉哈图山之下力哈扎更山、鄂拉生山，察察香卡之八隆若兰山、若兰不漏格等山，皆系貌木克大山之支脉，从东而西与柴达木盆地沙山接壤。南支为长江、黄河之分水脊，最高者为噶达素齐老峰。

北支为祁连山脉，在县之极北，为都兰、甘肃分界山，其支脉有二，蜿蜒于县北。北支为布喀山，在青海之北，更分支为喀拉山，盘于海之东。南支为阿木晒石庆山，在海南又分支为干珠其老山、阿汉大勒山、阿雅哈山等，盘于西，而县政府在此焉。

（二）森林矿产

县境气候温和，土壤肥沃，天产丰富，遍地皆是，如希里沟之南北山，哈拉哈图之北山，香日德东南山，多系天然松柏，绵直数里。宗家巴仑之西南山，可鲁之北山以及台吉乃尔一带，林区更广。至于可鲁地方，产金甚富，煤炭尤多，多露出山外，又多产硼砂。惟土人知识简陋，为保护地脉计，禁人挖掘，货弃于地，殊为可惜。而柴达木之矿产甲于各处，如硼砂、火硝、硫磺、皂矾等，比比皆是。台吉乃尔一带产硼砂，铅锡尤盛，土人掘坑融销，铸成大块，售于内地。八宝山亦产自然银。此外，境内盐池颇多，如赛什克之白色盐，可鲁沟之红色盐，五柴旦之黑泥盐，达布逊盐池颗粒最大，而察卡之青色盐口味最佳。设局销售，获利甚巨，今发现者已如此之多，未发现者尚不知若干产量也。

（四）川流方向

青海在县之东北，周六百里，水色青碧，冉冉如云，故称青海，内中有海心山，上建寺院。河之汇入：西北有布哈河、哈拉西纳河、郡子河、八色河；北之且吉河、巴汉乌兰河、伊克乌兰河、干池河；西之载沙河；南之大力麻河是也。而县南星宿海，在噶达素齐老峰之阳，千泓并涌，望若晨星，因以为名。而黄河亦发源于此，会鄂、扎二海东流，绕积石山，曲折而北。其峰之北，有舒噶河、那莫浑河、白河、乌拉斯河，北流会东南之玉胡雷河、东之察汗乌苏河、哈拉哈图河、引得勒河、察察香卡河，纵横回流于柴达木盆地，名为柴达木河。向西北流约五百余里，汇为巴哈淖尔河、达布逊湖及布隆吉尔湖。此外，有正西之古逊湖、乌尔丁湖，西南之库赛湖、伊哈淖尔湖，西北之博门果勒河、却尔根果勒河，中部之巴延河、胡鲁湖、塞什克过力河，东南之柴集河，注入沮洳地或盐池，旱则水势缩小，形同池沼。

五、名胜古迹

（一）碑碣坊表

都兰以交通梗塞之故，文教未兴。蒙、藏同胞纯系游牧，社会牢守旧习，碑碣坊表等建筑，则绝对不知。是以全县境内欲寻碑坊，诚不可得。

（二）陵墓壁垒

蒙、藏习尚天葬、地葬、水葬、火葬，山陬旷野，固无陵墓，既人烟稍集之处，亦不知守险。希里沟县府东商一里许，有旧城遗址。西北有土墩七，高丈余，为圆锥形，不知筑于何时。察罕乌苏亦有旧城遗址，相传为柯柯王所筑，至是确实，无从考稽。

（三）名山大川

县境北有祁连山、阿木凡厄库山，南有巴颜喀拉山、积石山，西南有噶达素齐老峰，西有勒科尔乌兰达布逊山脉、噶顺山，东北有布喀山、喀拉山。境内之干珠其老山、阿雅哈山及八宝山（俗名阿耳尼山）。在希里沟之西皆为名川大河，位于县境西南有柴达木河、香日德之玉胡雷河，西有可鲁沟之巴延河，迤西有布隆吉尔河，东北有伊克乌兰河、巴哈乌兰河、布喀河等，其余河流到处皆有。

（四）岩洞矶石

距都兰寺西北五里许，有山名曰"塔牙"，耸入云表，形势雄奇，从百步内望之犹为一山，至则峰峦环抱，中有平原约二方里，松柏苍翠，水流溅溅，有柏树一株，宛如华盖，嫋嫋可爱，严冬时郁翠如春夏。据土人云，此树即呼图克图神马死处所生。余如千角牙鳌之二郎洞，中甚宽阔，门外有长方形石二百余块砌垒为墙，相传即杨二郎习静处，为全县胜景之一。

六、政治实业

（一）警卫自治

蒙、藏人民游牧为生，不相连属，且性情强悍，故居民无论贫富，均备武器以自卫。兹有省府派来军队驻防，以卫治安，地方尚称安谧。全县民众隶属于各王公及千百户之下，一切事宜均听其指挥，并无地方自治之组织。惟各族头目及民众等，对于县府命令，尚能一致服从。一俟区、镇、乡、村组织就绪，加以训导，亦以有自治能力之希望矣。

（二）道路水利

县属僻处荒陬，山陵崎岖，道路险阻，交通梗塞。海南、海北两路只能驼马往来，车辆不能通行。今拟在海南修筑车路，以利交通，业经呈请在案，一俟指令到县后，即行动工。兹由县府向各处通行道路，凡崎岖难行之处，亦令各旗、族头目设法修理，以冀畅行无碍。蒙、藏民众以游收为主，不事农业，对于水利，毫不注意，间有种植者，均播种于丛草中，虽开渠行水，灌溉田亩，然耕地不相连属，水渠亦未连接。炳麟为提倡水利计，除亲往指导外，并派员向各处开导、监修，俾其联络而收畅流之效。计已成者，莫胡尔、希里沟、哈拉哈图各有渠一道，现均已畅流无阻，开地灌溉矣。

（三）公益卫生

县内居民纯系蒙、藏二族，逐水草而居，智识简陋。卫生方面，不惟公众卫生不知注重，即个人卫生亦所不知，衣服不知浣洗，房内不施扫除，又以帐房周围牛羊杂处，粪秽满地，臭气难闻，于卫生之旨尤属不合。幸地广人稀，空气尚属新鲜，不然臭气蒸发，疫疾立至。炳麟为唤起民众注意卫生起见，特召开清洁卫生大会，并于随时随地切实开导，俾民众明了卫生之要旨，而免瘟疫发生。

（四）赋税杂粮

县境远处海西，居民尚属游牧社会，间有业农者，亦不过播种子于棘草丛中，尚未升科，每年除向省府纳少数草头税外，其他各项赋税及杂粮均付缺如。

（五）司法教育

县治设立未久，一切建设正在筹备中，司法机关尚未独立，民刑案件全由县长兼办。至于教育，因蒙、藏民众信仰佛教，男子多数为僧，研究藏文学校尚未设立，文化未兴，其浑噩状态尚未脱太古色彩。县府今特设教育科，根据蒙、藏教育实施计划，参酌蒙、藏地方情形，会同蒙、藏旗族头目等，筹备教育经费，酌择设立学校地点，次第进行，促其实现。俾蒙、藏学校得以成立，蚩蚩边民，得有受教育之机会也。

（六）工商农矿

蒙、藏民族所谓工业，谓蒙民以羊毛作毡，以制蒙古包；藏民以牛羊毛捻线，制成毛布，以制帐房。商人均由内地而来，货物多系茶、布、烟、酒、针、线等物，夏季向各处放卖，冬季则收各种皮毛及鹿茸、麝香等以归。每年一次，多不久居。农产，青稞较多，小麦、蚕豆、薯类及蔬菜亦多种植。惟地广人稀，务农者少，随意耕种，地段亦不方整，且岁易其处，或一易再易，种时即在草中播种，永不铲锄，地亦不以亩计，以种之升斗数计算，农业之不发展，职是之故。

矿产极富，最著名而已获巨利者为察卡之盐，质良味美，其次则金、银矿，随地蕴藏，汪什代海之铅，柴达木之硫磺、皂矾、锡、铁等矿，尤为丰富。然多为部落酋长或寺院喇嘛所封禁，不许开采，谓为有断地脉，货弃于地，良可惜。

（七）畜牧屯垦

畜牧有马、牛、羊、驼四种，马较小于新疆马而大于四川马，狡捷善走，能任重，骡马疾驰如飞，可供骑乘。骡马多不骑，专供生育，且亦耐寒，经年露宿，虽大雪、淋雨之下，直立不动。牛有两种：一名牦牛，状貌雄恶，望之生畏，毛长尾大，用以驮运货物；一名食牛，即内地俗名谓黄牛。黄牛与牦牛相配，生一种牛名日犏牛，雄壮有力，藏人运输皮毛全赖此牛。羊身高力大，角毛具长，普通名为番羊，藏人养羊知选种，每于羔羊中择其羝羊之体格强壮者，留为种羊，余皆阉成羯羊，以供食用。以水草丰富之区，著加以改良，畜牧事业，其发达当未可限量。属境地广人稀，沃野千里，惟民众依然太古生活，不事种植，今岁县政府除自行开垦以作指导外，复劝谕民众积极垦耕。各地民众已挖草辟地，不复如前日之因陋就简矣。炳麟现为易于移垦计，除拟定"奖劝蒙、藏人民自动垦耕办法九条"及"由内地移民垦殖办法十三条"分别呈请核示外，并划全县可垦之地为三垦区。计第一垦区辖有希里沟、赛什克、莫胡尔、沙头察察、香卡及角什科，除后三处尚无地房外，前三处各有土房数十间。第二垦区辖有哈拉哈图、察汗乌苏、香日德三处，除察汗乌苏尚无房屋外，其余二处每有土房数十余间。第三垦区辖有德令哈、郭尔毛及怀头他拉三处，各有土房数十间，惟尚无移民，亦无已开之熟地。以上三垦区总共以垦之地不下八千余方里，约合五万余顷，果能实行垦殖，竭力经营，不难蒸蒸日上，一俟民移地辟之后，添设县治，更属轻而易举，事在吾人自为之而已。

都兰县县长梁炳麟

《新青海》第一卷第五期，1933年3月，第85-94页。

都兰社会近况

都兰为本省新设县治，土地面积，较江浙犹大，惟以居民稀少，且全境人民，多以游牧为生，一片偌大土地，一任荒芜，殊为可惜。而其境内一切，又因交通不便，内地人士，鲜有知其梗概者，记者晤日前来自都兰某君，叩询该县最近政治、经济、教育诸情形，蒙相谈甚详，兹分志于后：

该县人民因以游牧为生，除各寺院僧众外，其余均系逐水草而居，无定处所。故政府一切政治设施极为困难，县政府组织简单，全府仅有四五人，所有建设、公安、教育各局，因经费困难关系，均未设立。去年县府拟举行户口调查，卒以人民迁居靡定，无法着手，作为罢论。故全县人口究有若干，迄今尚难预知，地方自治，更谈不到。

至全县教育在已往并无学校之设立，人民均系浑浑噩噩，不识不知。去年夏，县府鉴于提倡文化，为开发之基础工作，乃于百般困难环境中，在县府设立初级小学校一处，学生经县长向附近居民剀切劝导之结果，共得二十余名，然每有辍学者，县长则亲往催唤，学校经费全无，教职各员，均由县府职员担任，课本由教厅发给，此为都兰教育之萌芽也。

至于该县人民经济，因一般民众惯于畜牧生活，务农者极为稀少，此等极少之农家，多系政府由近省各县所招致之垦户，因系提倡性质，故所种田地，不纳田赋。县府全年无丝毫收入，经费纯向财政厅支领，每月仅三百元，因之一切计划，竟致一筹莫展，当地农民因懒于耕种，每于春耕之期，有时逾一月而尚未播种者，影响秋收至为巨大，去年庄稼未及成熟竟遭冻枯，致演成数年来未有之欠收。

至其土壤及气候，与内地大同小异，小麦蔬菜之类，均可种植成熟。其县境西部宗家与天格兰之间，地名"南木哈他拉"者，东西长二百余里，南北长四百余里，中间有一种树木名"苏亥木"，躯干矮小，而质极坚硬，树林中遍生水草，气候温和，在此垦殖，最为适宜，该地每至夏季，其清秀雅致，俨然如一天然公园。据土人言，该处园艺瓜果，亦可成熟，惜自来无人试种者。该处并有古城二座，城垣坍塌，遗迹宛然可睹，据土人言，该地常有采掘古物者，昔之繁荣城市，今则满目荒凉，视之不禁令人有今昔之感。

商业方面，人民交易，即为马牛羊皮毛之类，全县无一市场，民间无金银铜币之行使，交易时以货易货而已，县境虽无税卡之设，人民无苛捐杂税之累，而其生活仍不免于穷苦云。

《新青海》第三卷第三期，1935年3月，第45—46页。

化隆县农民生活概况

化隆县位青省垣东南一百八十里，其农民生活状况，兹汇志于下：

本县居民，分为汉、番、回、撒四种，汉回撒之族，衣食大致相同，身着短衣，冬则用皮，夏则用布。番族男女，冬季均衣大领皮袄，不盛暑则穿粗褐长衫，一身皆穿长腰皮靴，惟女子素不着裤。

饮食方面，极为简单，通常早餐，以牛乳和茶，另调青盐少许，用罐煨滚，与麸面成馍，同时并进。晚餐，间食盖饭，或有不再改变，仍旧与早餐一样者。若遇四季节日，则必食羊肉，食时以盘盛大块，在座用手抓之并备有食刀，或割取。全境农民，居屋均外筑高墙，内建以屋，尾顶以土泥盖之，除少数庙宇外，别无舍。至于嗜好方面，番汉两族嗜饮酒，尤其是番族，其酒系以青稞煮造谓之酩馏，中含麻醉性之药品，久饮酩馏者中毒。汉民嗜水烟旱烟者十居六七，番民喜吸鼻烟旱烟，吸水烟大烟者亦有。惟男女老幼，最喜乘马，且善打猎。回民嗜烟酒者绝少，女人爱着红绿色衣服，他如各族家庭组织大致相同，仰事俯蓄，俨有大家庭制度之风气。惟番民承继权向来属于男女两性，所生女子不欲离去，常赘婿其家，女子一人兼理内外家务。社交方面，早行公开，撒民亦有招赘者，但不多见；汉人招赘者，则寥寥无几；回汉妇女，率皆司主内务，外务全由男子负责。每年每人，着羊皮袄一件，约计七元；需粗布两匹，约计六元；青稞六十，照时价每斗以两元计算共十元；皮靴一双，约计三元；其他杂费二元，全年花费其数则为三十元左右。番民耕嫁畜牧而外，只捻毛线，以备服装；汉回两族，每至冬季，商买小贩，多所优为。

《新青海》第一卷第八期，1933年8月，第79页。

青海化隆县之社会概况

本县有出西门行六十里，过札什巴，折向东，由乩思关赴省城之公路，长约一百八十里，宽约两丈余；又在札什巴附近南分一支，过昂思东行，经卡尔岗，越黄河桥转赴临夏，均通汽车，较为可观。至桥梁方面，有本县与循化间之黄河桥，情形述前，兹不复赘。

商业：全境因连年荒旱欠收，民生异常困苦，番族多移住共和县属郭密一带，汉回又多衣不蔽体，谋生匪易，以致商业方面，日见衰败。现全境商店仅五六十家，且资本微薄，营业萧条，计资金占七八千元者极少，多为数十元而已。销售主要物品，以细斜纹布、毛绿布、府布、永机布、番扣线、砖茶、山货为大宗。输出商品，仅甘都堂堡发菜、哈城清油数项。

工业：主要手工业有木、铁、石、鞋、毡、皮、油画等种，近年来以荒城初辟，铁工仅稍呈活跃，但均尚幼稚，规模极小，仅足供给本地。

特产：县属第三区甘都堂堡一带，盛产发菜，每年约产一万余斤；第一区下六族二塘及三塘等地产紫羔皮，每年约产五千余张；又他白家一带之麝香，产额亦富，每年约千余粒之谱；此外如羊毛、狐、狼、猞猁、喇嘛山羊，及药材如冬虫夏草、党参、甘草、大黄、苍术等产均颇盛。又县属之第一区之阿米瞿吕山，下六族科彦沟之金矿，昔年曾开采一次，金极旺，大如蚕豆，后以该地番民强烈反对，谓系有伤地脉，因之中止未采，利弃于地，殊可惜耳。

民业：居民之职业分配数目，计农民占全人口数十分之八，工人占十分之一，商民及其他占十分之一。而自耕农占全县农民百分之五十，半耕农占全县农民百分之三十，佃农占全县农民百分之十五，雇农约占全县农民百分之四。

农产：全县可耕地甚多，故农产物尚属兴旺，往年每斗地（约合五亩）之收成，水田可获一石余，旱田可获八斗余，薄田可获六斗之谱。年来地力渐疲，雨水稀少，收成渐减，计水地每斗地收八九斗，旱田可收六斗，薄田可收三四斗。主要农产物为青稞、小麦二种，青稞每年约产六千余石，小麦约产五千余石。近年小麦输出数日增，计输出于西宁者约百余石，并利用皮筏，由黄河输运兰州，每年约计三千五百余石；又输出于邻封各地者，约千余石。次要农产物，如大麦、山芋、小米、豆类、胡麻、燕麦、苞谷、荞麦等产量亦不少，为中等以下居民之主要食物。至农产播种之迟早，水地川及甘都各地在元宵节后，临城等处在废历二月底至三月底间。成熟迟早，水地川及甘都一带在废历六月中，其他各处均在七月。再水地川及甘都，气候尚暖，每年可收两次，其余地方，仅收一次，犹有半熟过寒，而未能登场者。

地主与佃农：佃农与地主承租情形有三，一纳租金，佃农在播种时将地主田亩，言明承租后，至秋收毕，照原定数目缴纳；二纳租谷，如佃农向地主租得一石地，在秋收后即以同量数量小麦缴纳。上述二种，倘遇欠收，佃农仍照原定数照缴，地主无恤减情事。三分租，地主将土地播种农具等供给于佃农，至秋收后，打簸成粮，与地主平分，约计每年每亩地纳租额为六分之一。

宗教：境内汉番回撒种族庞杂，因之信仰各异。汉民崇拜多神；番民信奉佛教，惟有红教黄教之别；回汉二族，均依穆教，信仰极坚。

灾祲：全县除水旱各灾外，人民每年死于赤痢、伤寒、霍乱、斑疹等症状者最多，而今岁之水灾、雹灾，农村损失殆尽，为多年未有之奇灾。

《新青海》第二卷第九期，1934年9月，第53—55页。

青海化隆印像漫谈

/ 德 馨

一、小引

在化隆曾经得过二年多的光景，也可说是将全县的那个角落里，都被我的脚迹踏到过，所见的形形色色，同时给我不能永远忘记，深刻脑海里的印象也不少，当然对自己经历过的地方，虽不能知之甚详，也可晓得一二。所以编辑先生屡使我写一篇化隆的情况，深信自己是缺乏笔力短于文墨的，实难写得尽详，反过来想一下，或许不知这地方情形的人很多，应当望国人一点点的对边远省份的明白起来，将黑暗的途径，趋于光明之大道才是，还是冒昧而敢大胆地将化隆的见闻信笔写出一部分，作为关心者的参考。

二、史地的考证

化隆在北周时代，并循化、贵德统称为廓州，治设贵德，后凉时置湟河郡。到唐朝时，移治廓州，设立化隆县，嗣后又改为化成县，又改为广威县。至五代时改为米川县，在今之县城南部，黄河北岸，本为汉西羌所居的石城地方，黑城子的城垣一部分尚存，据传为唐初良将尉迟敬德西征至此所建筑（但无从考实）。该地住民谈起敬德，颇为念念不忘，住民头戴长布袋式的帽（顶端有褶皱）垂于脑后，大有英雄风味，昔敬德所戴之帽亦如斯云云。宋时废米川县，地域同廓州，化隆仍为其属地。清乾隆九年由碾伯（今之乐都）南山后番民十二族及西宁南山后番民十六族合并成立巴燕戎格厅，简称为巴燕戎。至民国二年又改为巴戎县，民国十八年改为巴燕县，直到民国二十年八月，恢复旧有化隆的名称。

化隆的县城是在清乾隆年间才建筑的，系一正方形，只有东西二门，各门有前后二道门，门扇上包以铁叶，顶有门楼，城垣用土砌成，雉堞以砖砌成，从东到西，只有一条很直的街道（马路），商铺排列两旁，到也有些整齐划一。城中有鼓楼一座，内塑文昌帝君神像；城内西南是城隍庙，第一区公所设立其中，旁有娘娘庙，建设局设立其中；西北隅有清真大寺二座；东北角是县政府，旁有土帝庙，公安局设其中，后边新建司法公署（李维翰所建）一处；县府北有县立第一高级小学校，北有山神庙，教育局及女校设其中；西北还有财神庙，特派员理事处设立其中，后面并有玉皇阁；东南面有昭忠祠，前面是小教场。城中原有之营房很多，现拆毁者甚多，全城的面积是二方里。

至于全县的面积共有二万八千余方里，西接共和县之郭密，北连西宁与乐都二县，东达民和县，南邻循化及贵德二县。巴颜喀拉山之支脉拉脊山脉横贯其中，地势非常高燥，城北大山覆冰雪，就是到六、七月暑天时，仍多存在不能融化。气候寒暖不正常，突热忽冷，有时六月天可见雪飞，尤其冰雹、冷霜真令人可畏，每每冰雹一来，大如牛马的冰块，在山中就可以看到，经三四月不消。全县每年遭的损失真不少，水地川区遭雹灾，若起大猛雨时，黑云动，形若蛟龙，住民皆以为有神龙在其中，响雷时声音特大，每年被雷电打死的人畜及烧毁的房屋等颇多，恐为地势多山而无森林的原因。东南有黄河，为这县的天然界限。

三、政治之一般

政治方面，看是千端万绪，无从说起，县政府在城内的东北角里，所谓"天下的衙门朝南开，有钱无钱难进来"。这也当然不能例外，一进四大院，建筑宏大，据说建筑这县府的大木，纯是本山的大松木，现在全县找不到一株。县府全年的经费六千四百八十元，府内人员们总不下二三十人。在民国二十二年以前，县府及公安人员的食粮，催收民间，其中的流弊那可多呢！后来县长贾大均上任，就完全免去。但是这县的烧料缺乏，无处购买，只有从民间催收，兵站处另有人催要民间，县府终年派两个无饷的行政警察，在四乡催收，有较远乡的人民们，从百里外或七八十里的地方送柴草纳到各机关，格外的麻烦，这还是很小的事儿。最劳民的就是各种乌拉差役，化隆是临夏循化等处必经之地，军人啦，有势的啦，学生啦，各机关公务员啦……总要到县府来要乌拉，所以军府庶务处，终日忙于催乌拉的时间最多，若遇到大批行军时，更不得了，每要就是二三千民骡或数百不等，若按时催不到，稍为迟慢时，连县长也要吃枪把的亏，这是常有的事。县府人员知道受亏，也不敢怠慢一下，并且每日有数十个民骡，在县府专候过往者驾临送往。还有修路啦，各机关或动土木啦，统统要催民夫，人民因着这种种的公事，终年每家要有一二人应付公家的事体。人民过这生活，苦与不苦只有自己知道罢了。这县共分六区，各区的区长们，都是有钱有势的，多奉的县长们初上任先要向他们拍拍马，相互联络，就形成贪官污吏土豪劣绅的连环局势。若遇到干练而替人民真正能办事的县长，不合他们有势者的心意，不能鱼肉乡民，不能于中取利，就要设法上告。那么这县长的任期一定保不常久，所以处处为人民打算的县长也找不出几个，两眼只看见金钱自私自利的县长们，多是必抱多一事不如少一事的苟且主义，只设法如何填满腰包而已。如民国二十二年的贾县长为人正直，将那些尾大不掉的大老们给以不客气的对待，甚至把一个区长打过耳光子，结果没满一年，几个月就退职了，"政治不修"在这里实有充分露骨的表现。

县上的民刑事案件也非常的多，下十族安千户，上十族的昂索管辖的人民，若起争端，该昂索千户使其私养的干保（即跑路办事的），解到前来，施以苛刑，多是有理无理，不管三七二十一，所谓有理的三扁担、无理的扁担三。将原被告同通罚一二十包砖茶（每包三元左右），或罚牛马几匹，或罚银子及粬穬等等，吞入私囊，根本不让往县府等处去诉冤。其他各处的人有多数到县诉冤，依法照办，总不赏心愿的多，因为县府解决事情，手续多而欠迅速，且多花钱之故，大都到公安局去喊冤。言念到公安局更可笑，每年经费是四千元，可惜无公安人才，不知公安局负些什么责任。有一位××局长，一字不识，案件不管民刑，都未接受，但自己无解决之能力，不能判断是非，将百姓乱打乱罚，任意宰割。有时将案件交给缙绅私下说合，每一件案子完毕后，只要送给局长若干包砖茶或钱就对了。若缙绅们将案子完后，马上不送给钱等物，就令警士或自己去要，常在街上遇见缙绅，便大发雷霆："为什么将本局长的完案钱即刻不送来？"这是常事不怎样新奇，所以依法的事情比较很少。现在改局为科，恐怕少见这样把戏了，记得有一次在该县红卡哇地方，发生过奸夫杀死本夫兄弟二人的人命案件，喊冤到县府，即派员前往验尸后凶手已远逃，正在缉凶依法严办之际，尸主又上告省府，派副官前来，将本庄数十家良民亦受罚款，一扫而空，以为是地方上之闯下了滔天大祸。大多数的案件，都是这样办理，这是司空见惯的常事，因为番理番规的习惯法如斯，对这金科玉律有何说呢？

县府每年派员带着大批之行政警察及公安警察，分头往四乡催收各种杂款，弄得鸡犬不宁的地方固然很多，但是最不良的就是那一般有势的区长们，向民间分摊各种杂款时，总在除县府所要款项数目以外，起码还要超摊半数哩！人民们由于种种不良遭遇（天灾人祸），不能聊生，真是"哑子吃黄连寒苦在心头"，只有向青海内地、郭密等处，稍可的地方另谋生活的很多。尤其番民们更死也不去当兵，每年的兵款出得更多些，每年遇到要门兵时，无人去当，只是会同县府往四乡乱捉壮丁，不免更惨的事情常出现，同时人民也成了"三句好话不如一鞭子"的恶习，用好话说是成效较少，若听到这个催款委员不打人而很好时，一定收不到款子。本来由于穷困所致，干骨头上烤油，怎能有富裕易取的道理呢！

教育方面来说，全县有完全小学六处，初级小学十五处，教育经费全年为五千余元，其中三千四百余元为各校之基金及学产项下生息所得，其余都是就地筹拨。除县立第一高级小学之外，其他五六处都是回教促进会主办的，制服书籍均其促进会发给，学生们也比较多。各学校的教员，除高级小学都是初级师范及初级中学毕业外，至于初级小学的教员们，都是小学毕业或没有毕业的资格，教员根本上不健全，那里还希望学生的程度提高呢？本来也怪不得，他们的待遇每月只不过七八元，不及内地的一老妈子，那里会请得好教员呢？去年在甘都设立了一回教促进会初级中学，还算不错，在二三年前统计全县的学生只有一千三百人左右，民众中受过小学教育的有一百五六十人，受过中学教育的有十五六人，受过大学教育的一人。失学的儿童们，在番（藏族）撒（撒拉回）中为最多，番民宁死也不愿去读书，政府若施行强迫教育时，好像将他们子弟们引导坏路似的，总不肯往学校乐意送去，于是拿五六斗小麦或银洋四十多元，雇汉人的子弟送到学校里，替他们应读，这是何等幼稚。

四、人口和经济

化隆以汉回撒番四族杂居，全县共有四千六百八十余户，二万三千五百余人。汉族约五千余人，大多数皆在临城附近的四堡、三滩，昂思多和甘都次之。回族有一万八千余人，在卡尔岗工、甘都工、黑城子工、上下什五会、铁立盖等处最多。番民（藏族）有一万多人，其分布的地方：自扎族八百户，昂思多族二百余户，多巴族一百余户，舍喀咱工凹族一百余户，加贺尔族三百余户，群家族六十户，水乃亥族二百余户，实达苍族三十户，拉扎族三百余户，下六族（千户族）六百户，奔加不尔族三百户，科巴堂族八十户，羊尔贯族一百余户。各族中因苛捐杂税及天灾之所迫，遣往兹地等处游牧者颇多。统计该县当军的人，有二千五百余人，其中做大小官儿的有四百左右的人。每到一个村庄，妇女比较多，若公家催民夫修路等，大半是妇女们来做，个个都是强壮而刻苦耐劳的，做起工要胜过男子，尤其黄河沿岸的番妇们在波浪汹涌的黄河中浮水过往，很是自如，非一般瘦弱女子所可比矣。

该县的经济来源，大半靠农牧，全县耕地面积二万四千余方里，其中水田约有四千余方里（黄河沿岸是上下水地川），旱地一万九千余方里，全县荒地面积约四五千方里。近几年来，省当局想到一个兼筹并顾的良好办法，将荒地山野地让民众自己领照开垦外，其余大半划分给该县军人之家属设法垦殖，租于贫民们耕种的较多。本县上等田地每斗（五亩余）二百元左右，中等田地一百二十元左右，下等的一二十元，每由于雨水不调，就是上等田地只有八九分或十分的收成（即一斗种子只收八九斗或一石），其余可想而知了。至于上下水地川，气候温和，靠近黄河北岸，农产品比较多，如冬果、苏麦梨，是化隆上下水地川产，质量良好，还有水葡萄、西瓜、甜瓜（哈密瓜之类）、菜瓜及各种蔬菜之类，特别之好，其收入也很有可观，各处之人民前来此贩卖者大有利可图。离县城较远的人民们，多以农牧为生，家畜有牦牛、犏牛、黄牛、马、骡、驴、羊等，回教不食猪肉，养猪的甚少，回教中养鸡的数目也不小，将公鸡施行阉割后，特别肥大，名叫斩鸡，他们在年关里，相互作为礼物的多。每年所产的乳油（黄油）真不少，每元可购五斤，可惜交通不便，销路不广。尤其下六族及下四族、二塘三塘等处的黑绵羊最多，但不知改良品种之法，白羊与黑羊相交，多成白黑相间之花羊。虽然如此，黑羔皮的出产，至少要有五六千张左右，这是该县珍贵的出产，野生皮的出产，每年总在二千张左右。本来化隆的主要产品是青稞及小麦，每年产青稞六七千石，小麦五六千石，每年向西宁乐都方面，有一二百石之输出，从黄河皮筏向甘肃方面输出者有二三百石。化隆种油菜的地方较多（种菜籽过后，来年种青稞最佳），所以菜籽的价值与小麦同，每石普通三十元左右，菜油向甘肃西宁等处销出数目颇大。该县汉回中转从骡驴上贩卖油的人（叫油郎子）很多，普通每百斤菜油价十五六元至二十元左右。

该县的金矿也不少，如上十族八宝山的金、银、铜、铁、锡、朱砂、玉石等最富，但一般番民们，认为此山是神山，若有人前往开采，力事反对，怕山神要降祸，致地方不安宁死伤人畜等。近二年来省当局力谋开发，所得成绩颇好（指金而言），尚有下六族科彦沟，亦甚富有金矿。清末民初，曾开采多年，据传金粒多大如蚕豆，遂后有居民之反抗，仍未继续开探，近二年来又以政府之力量，切实开采，结果亦甚良好，可惜开采之方法不佳，若加以科学之开采及捡淘，其收获更要增大。据传在十大仓及临城的尕西沟河滩，亦发现富有金矿。甘都工的酒粗子（酒酵母）最有名，青海各县的人民，多向该处购买，造酩酵酒。还有甘都的垒把刀子更有名，是祖传下来的，做得非常精巧而快利，有二三寸、四五寸、七寸，或满尺或尺五的，大小不一，在西北认为如同北平王麻子的剪刀一样有名，每年至少有一万多把之出售。并且值得注意的，就是化隆县的羊毛毡产量颇大，而且很结实，每条毡的价约在三元左右，其中黑绵羊毛毡每条价约四元左右。由以上种种，就可明白该县人民多寡及经济概况。

五、水利与交通

该县的水利方面，在水地川系一小水灌田，此水从昂思多地方发源，依着流经的地方而易名，流到该地，就深引其沟，分别灌溉，遇有天旱之年，不能下种，故常有之。在甘都工一带，所借以灌溉者亦为一小水，此水系由克俭山沟及千户沟的细流汇流而成一大河流，经过该地时即利用灌田，水渠狭小，也是依其地方而随之定名，如在上流者至拉木庄，就称为拉木沟，经列不加庄者，就称为列不加沟等。在水地川的人民，为着争水灌田的关系，常引起上庄与下庄的械斗，或打死人的事情很多。有一次我到甘都工去查水案，到该地正是上沟的与下沟的人们械斗时候，成千百的人在那里相斗，喊叫震天，石子乱飞，大有"风声鹤唳，草木皆兵"的情状，两方打伤的人也不少，其中大半是撒拉回族的妇女，她们是十足的天脚，个个都很雄健，那敢作敢为的精神，刻苦耐劳的性情，非常人所可及。县府与省府差不多每年要向他们解决水案，现在甘都城的附近，还有许多水田，不得灌水而荒着，可见水田里的水是何等的贵重了。在甘都西滩有平广的地（靠黄河北）数百亩，若有吸水机，尽量可以利用黄河水耕种，虽然在西滩有水车一架，东滩有水车两架，但因其黄河水涨落的关系，仍不能按时灌溉田地，况且常坏不能用。在该县下山的科巴堂有一小水（多泉水）所灌溉之田地不过百数十亩。在县城附近，在朱家地滩、下河滩、儒家沟，及昂思多等地，有泉水可灌田，加儒家沟之刘国屏先生，利用此水，培植园艺，各样蔬菜皆生长良好，那地凉而灌水不宜的说实不可信。

交通方面，在多山的地，当然是不便利。现在还算有了几条大路，从县域由西门出发，是为省道，轻过五道岭及扎什巴折东至西宁县属界（青沙大坡及红土坡）长约八十里；若到省垣，共长一百八十里，宽二丈。由扎什巴的下面，南分为一支，过昂思多，东行经卡尔岗工，至古什群峡的黄河卧桥（是黄河上游第一道大的木卧桥），长约一百四五十里，越黄河转赴临夏之大道，数万民夫修筑一年多始告完工。专派一管路副官，倘经雨水冲断时，即催民夫修补。自县城东门出发，行经千户营，达家沿至民和县属之峡门口之一段，长约九十里，多系山路，现亦可通汽车。出西门北行，过克俭山（克俭牙壑）长约三四十里，至乐都共有一百六十余里。出东西门折经拉扎山（此山斜长三十五里），经甘都工过黄河，至循化县城共长八十里。在夏季里走到拉扎山一定要恐惧，因为山势很陡，人不强马不壮，更困难万分，马也多不能骑，只有步行较为妥善，遇到烈日，热得受不了，休息的茶馆也找不到，尤其遇到下大雨时，无处躲避，亦难行走，危险性很大。本县有民谣云"夏不走拉扎，冬勿走工哇滩"，就是这个意思。至于冬勿走工哇滩的意思，是走西宁必经之地，该处两山分绕，形成一风箱口，在冬天走到此滩，西北风吹来，真是"寒气迫人，冷风刺骨"，冻不堪行。此处在从前常有盗匪抢掠，故番语叫古麻（盗偷之意）滩，工哇滩是古麻滩之转音。以上是主要之大道，多能通车，但因行人稀少，加以多深谷高地，盗匪常出没其路途，抢掠行人是为大害，其原因恐为饥寒所迫，或许铤而走险也说不定。至于各乡间往来之路途，那可难行呢！多是羊肠鸟道，太不便利，若像下山里的路，纯是石峰悬崖，高如半空，若稍加不慎，便成一失足作为崖下鬼。本地的人畜，常走惯此路（间或也有坠死的人畜），多行动自如，不以为畏奇，由此证明人在艰难困苦中磨炼，乃见真才矣。县城内有邮政局，扎什巴有邮寄代办所，一星期只走二次，并无电报，只有一个电话，除军用外，各机关的人也可以去打电话，可通循化、同仁、西宁、湟源、贵德、乐都、民和等处。行走时都是有马、骡、驴可以代步，在这边远的县里，根本梦想不到有内地的繁华及便利，那里会有火车汽车可乘呢！

六、宗教及习俗

宗教的色彩，在汉藏回杂处的地方，有充分的显示。该县有黄教喇嘛三千五百余人，红喇嘛教八九千人；回教中之阿訇及学徒们有二千多；信基督教的教徒有十多人，福音堂建筑在城内，其华丽与宏大，为城内冠，内有英国籍的传教牧师二人，且带有眷属，他们努力传教十多年，全县仅有十多个信徒；其他方面有道教的阴阳家十多人，巫者七八人。

至于谈起该县的风俗习惯，其中的花样也真多：

（一）婚姻

回教的妇女，绝对不嫁于异族，他们成婚时少顾及到门庭高低及年龄的大小，大都以聘资之多寡而定，富者以多量之马牛银钱布匹等。由媒人到女家，议足聘礼之数，由其父母承诺以后，即为定婚。将聘礼交纳半数以上，其婿即可至岳家来往，留食留宿，暗中与女同居，俨然若已婚之夫妇者较多。至结婚时，"迎亲""交杯"（用水而不用酒）"闹新房"等，与汉人略同。

撒拉回之女，据说在未出嫁以先，在母家要有两件事一定要学会（姊嫂等教之）。第一件是要学哭，预备出嫁时骑在马上往婆家时哭之，若此女不会哭，乡人就认为这女未受家教，没有本事；若哭得好，能感动送别的大家们下泪，就赞称此女能干，大家都非常的重视她敬爱她。其哭的方式，当送出娘家门而骑在马上时，便放声哭诉，其大意就是"父母的恩深似海，恩高如山，费了千辛万苦，教养成人，不能朝夕事奉，何日得能报答尽我的亲恩呢！爹娘的心儿太恨，将女子养大成人，给与不相识的人儿们，认为是过客，将男子们留到家中，以为是自己的血肉生成，多么爱痛等情"。第二件要学的，就是如何对待男人的妙技，若技术不良，使丈夫贱视，常有反目情事。一夫多妻（普通有一二妾）制的也多，离婚的较少，妻妾间多相亲相爱（吃醋意少），如同姐妹。他们结婚时，一定要请阿訇或头目念诵《古兰经》，三日以后，就可到厨下做饭，请客时普通人家只有主要的两碗菜饭，称作吃"双碗"，颇合新生活简单朴素的条件。

番民的婚姻：亦须先论财礼，但由男女恋爱而成者为多。结婚之日，先由男家请为定期，到结婚日期，请亲友带许多财帛及马（牝的并带一小驹），牛成对，亲迎于女家之门，女家则闭门升堂而唱歌，婿及娶亲之人亦以歌合之。始启门用水浇身而入者很多，到异日早晨，始迎女去，至男家门，并用奶子和水洗面后（以洗不吉祥之意）才得入门。

汉族方面的婚姻：仪式与内地大都相似，不过也有些与番民同样的地方。至结婚之日，男家往女家迎亲时，对娶亲者要经过阴阳家的确定其生年（如属虎之类），从亲友处有相宜者请来。娶亲者入女家门，女子及其母嫂姊妹等，在房中便要放声大哭，以为是娶他们女儿的人到了，表示悲伤。待酒筵毕，女家的男人皆躲往邻家，只留娶亲者在家，然后妇女们，摆下几碗不能吃的菜（草类），其中推出一个长于说话的妇人，向娶亲者进酒（用冰水），故意给以难堪。同时其他妇女们，手执柳棍，或提盛水的罐，三言两句，向娶亲者的身上浇水，或乱打一阵（但娶亲者亦知有此举动，穿的不是新衣服），所表示爱女之深情，不愿将女子被旁人娶去之意。随后有男于门前来说合，娶亲者将所备的钱，向妇女们分送若干，始作罢论。至异晨鸡鸣时候，即娶女到男家去，所谓"三日入厨下，洗手作羹汤"，三天以后，就可到厨房里造饭了。

（二）丧葬

回教的死后，必用净水洗尸，以白布缠其身，由阿訇率其家属，抬至葬所，掘地为长方形，舁尸入其中，头北足南，以作朝天方之向，埋去成茔，然后由阿訇继续诵经数日，以超度亡魂。

番民丧葬之礼，各有不同，有"地葬""火葬""天葬""水葬"的分别。

地葬：这种葬礼，普通仅可对大喇嘛得用之，请寺院中的大喇嘛，先用独角兽的角，在卜定的地方，划一长方形，长与尸首相等，置尸于上面，然后埋葬之。

火葬：寻常的都可用这种葬法，先将尸体加以洗浴后，大家扛抬到高原，平放柴上，家属亲友等跪于旁边，同时用多量之柏香、酥油（乳油）及菜油混倾柴上，由喇嘛诵经祝告后，举火焚之，待骨烬后，相互庆贺，认为亡人在生前无罪。大都至第二日清晨，家人到该地取骨灰时，看上面脚迹，若有人的脚印，便信为亡人已转生为人了，更觉心喜；若有禽兽足印，就或为亡人转生为禽兽；无者则信为尚未转生；然后取骨灰，并和以药屑净土等，搏成彤像，卜地埋葬，作为坟茔。

天葬：若是通常的贫民，则用常服裹尸，由喇嘛卜定山地，以马载尸，前往喇嘛所指示之地方，诵经以后，便置其地，以使鸟兽往食，并于旁地炽火，送葬者都跃火而归家，以驱灾晦，其尸首被鸟兽食尽时，则欢喜相贺；若越过三日，尚不食其尸，便认为死者在生前必有失德，没干好事，复请喇嘛诵经，等待鸟兽往食；尚有数十日不食去者，家人将尸体用刀剖成数段，待鸟兽食完后才为了事。

水葬：临近大河之番民，死后请喇嘛诵经超度，将尸体投入河中，以葬鱼类之腹中，叫作水葬。

这四种葬法，天葬及水葬，实在情理总觉难容，最不合于卫生的条件；就地葬来说，在现代化的国家里，不十分适合，荒冢垒垒，实有占地之嫌；只有效法火葬，是最经济，最合风尚了。

七、尾声

以上所述，也不过是提到一部分的概念而已，还有一般的生活状况，到西北的人们说过的不少，在这里也不赘及，但从这里充分看到政治不上轨道，宝藏不能采用，民智不曾启发，相信也不仅这一县是如斯。一般关心建设西北的人士们，也不是大声疾呼么，凡勤苦忠厚的劳动家们！聪明才智的实业家及教育家们！应当到西北去，作开辟新天地的事业，促进西北民族的进化。

的确，要"开发西北""建设西北"，更应当明了西北各地的情况，然后才可收到"药到病除"的效验。我常见许多人，一提起西北，大都是疑惧丛生、谈虎变色，以为到西北去，生活方面太苦，吃得不惯，住也不适，行也不便，穿也不美……两地都市的物质享受一点得不到。所以有志于开发的人们，也要畏缩不前，致边远的地方，日趋于不进步的原因，在这里不能不说是有一点。今后站在复兴民族的立场上，对于苦斗生活要加以清晰的认识一下，要以清明的理智和最大的决心，从劳动实践中努力于建设事业。张溥泉先生说："不至西北，不知西北之伟大；不至西北，不知西北之危机。"这几句话，实在是张先生将西北之实际情形看透了说出来的一针见血之话，望关心西北者不要忽视！同时，希望发展交通是先决的条件，若交通便利，谈国防的、经济的、文化的各种建设是有成效，然后因西北半壁的统一建设而我整个中华民族才能求得统一复兴！

《新青海》第五卷第五期，1937年5月，第20—31页。

共和县之民风习尚

共和县，仅距西宁二百六十里，其服饰及婚葬习尚迥异，兹据调查如下：

衣服装饰，汉回颇似内地，蒙番均着长袖大领之皮袄，偏袒露臂头，戴尖顶帽，足穿皮靴，腰束大带，并佩大刀或小刀，老人腰间不佩刀耳，头发散披，每五六茎一结辫，装于红黄布袋内，名为辫套，垂于背后。

至于婚姻方面各族相同，纯系自由配合，并无内地所谓三媒六证说。未结婚以前，经自由恋爱，双方同意后，始各通知其父母，定婚期送财礼，届期成亲。财礼一层，多为马羊畜之类，与内地送金钱布帛者不同。又特别者，例如某一女子，年已及笄，尚无良偶者，其父母必使之向空膜拜祈祷，任伊女自由择配。

它如丧葬制度，有天、火、水、土等葬之别。天葬即将死人抬送荒野，任鹰鸟啄食，如不食时，必邀喇嘛诵经念咒，并将尸首持刀砍碎，任豺狼充肠。火葬即将死人扛至郊外，用火焚化后，收捡骨灰，用布包之置于小土墩内，永远纪念，此俗多由佛爷、千百户、王公行之。土葬与内地无殊。水葬将死人抛弃水中，任鱼鳖吞食。惟无论何种葬法，在丧期内必邀喇嘛在家诵经超度，期满除凶换吉云。

《新青海》第一卷第八期，1933年8月，第79-80页。

青海共和县考察记

/ 李自发

　　共和县原系青海藏民郭密族之牧地，分上郭密、中郭密、下郭密三部，曲沟属上郭密，曲乃亥与罗汉堂等属中郭密，和尔加与朵让尔等属下郭密。民国十八年七月设县，以曲沟为县治，统辖上中下三郭密及恰卜恰地方，定名曰共和县。全县面积约二十余万方里，几当浙江一省之大，人口七千余，密度每三十方里得一人，与江苏每方里得九十余人相较，何啻霄壤。兹将考察所得印象分述如下，聊供注意边事者之参考：

一、地势及水利

　　曲沟一带四面环山，中成平川大路，黄河灌流其中，东自茶纳峡西至沙丘，长凡六十余里，北自哇力公山，南至黄河岸，约二十里，山多红沙所成，概青海属荒瘦不毛，造林亦为难事。平原分三层，头道原靠近北山（即哇力公山）山麓，为干旱无用之地。二道原（即曲沟）井深一丈，为恰卜恰河流域，水含盐质，灌田年久，作物恒被其害。现此河灌田共四千亩，即河西一千二百亩，河东二千八百亩，如将沿河荒地全部开垦，又可增灌四千亩。惟曲沟以东菊花城（系一古城，年代不详）一带，面积广阔，恰卜恰河水量有限，恐难足灌。三道原临近黄河，为黄河流域，现灌田约一千六百亩，尚有可耕地四千余亩，惟中多碱滩，居民无法利用，殊为可惜。将来如从曲沟以西二十里处，开渠引灌黄河之水，则二道原及三道原所有碱地，不难变为良田。此外仿效兰州沙田办法，在碱滩之上，铺盖沙砾，既可压碱，又可防旱，洵良法也。

二、土壤

二道原及三道原皆为沙质土壤，愈往黄河沿岸，沙质愈细，肥力亦较强。沿河一带沙壤层下，又有蓝色石砾，小者如豆，大者如蛋，居民亦知铺沙压碱之法，所作沙石田，较诸兰州无逊色。

三、气候

据民国二十、二十一两年记录，全年温度七、八月较热，平均华氏七十度；十一、十二两月最冷，平均华氏二十度。近日天晴时平均气温七十度，与兰州相似，比西宁高五六度。正、二月多大风，时有拔树折墙之势。冬雪普通一半寸，全年雨量，以九月最多，四、五月最缺，此西北各省之一般现象也。至于冰雹、霜害，从未成灾云。

四、作物

小麦、大麦、青稞、蚕豆为主要作物，油菜、马铃薯、糜、粟等次之，棉花、花生、烟草等正在试种中。棉花皆种于沙田，高一尺至二尺，现开黄花，系甘肃导河县种子，能否成功，当待秋后证明。麦类产量颇高，每斗（斗量八十斤）种子，秋收二三石，本年麦作正在收获期，品种甚多，而以精麦、青稞为最奇。精麦来自贵德县，穗为四棱，粗而短，产量高，面粉质，为农民所重视，惟其生长期长，所需养料亦多，后作物往往被其影响而产量低减，此其缺点。

五、森林

山皆童秃，景物萧条，无森林之可言。惟二道原及三道原一带，聊见古杨残存，胸围三人合抱，高可六七丈，由此可见此地原来亦有森林，自开垦以来，荡焉无存。县府周围新植小叶杨成活颇多，但株数太少，不能成林。曲沟东南隅当黄河北岸有地名曰"加十达"，该地沙柳丛生，胸围合抱，高可丈余者比比，番民呼沙折曰"加十达"，地以树名。民国十八年，导河县土匪猖獗，有些汉人逃难来此，从事垦荒，现已辟田千余亩，因沙柳为农田之梗，今将焚毁殆尽矣。沙柳木质坚韧，居民用以造车，可用十数年。黄河南岸，杨柳葱茏，惟其面积不大，河中有岛曰夹滩，绿草如水稻，其中小叶杨与红柳混合成林，东西十数里，南北二里许。此滩自民国十六年开垦，已有农田二百亩，荒地尚多，黄河灌溉又便，但以土层较薄，不适耕种。由此沿黄河西上，佳木葱郁，沿岸不绝，中隔长凡五十里之沙漠，至铁盖林，该地北临沙漠，南依黄河，东西长约十数里，南北五里许，森林绵延，一望苍苍。红柳与小叶杨为主要乔木，直径三四尺，干高四五丈，木质坚韧，洵为栋梁之材。而为政者不加保护，一任垦民滥伐焚烧，致焦干枯枝，纵横地上。当此国家提倡造林，不遗余力之期，此处竟将如斯优美之天然森林，任意毁灭，怎不发人浩叹！我青海人民常此不事创造，而一味暴殄天物，纵有锦绣河山，亦终不免疮痍满目矣。

六、园艺

黄河沿岸加十达、夹滩及铁盖林等处，今年试种瓜类，成绩颇佳，如哈密瓜、醉瓜、西瓜、南瓜、黄瓜等，均有希望。今年种植较迟，种子不佳，培植又不得其法，故至今（八月中旬）尚未十分成熟。哈密瓜重有四斤者，西瓜普通四五斤，醉瓜小而味甜。至于蔬菜，如茄、辣、莴苣、葱、蒜、白菜、萝卜、苴莲、芹菜等，应有尽有。惟果树无有，乏人栽培，亦憾事也。

七、畜牧

共和县府左近，居民（番族）改牧为农者，垂数十年，畜牧已成副业，牛羊皆不成群。距县府四五十里外，如恰卜恰、大河坝、千不里等处，地高气凉，草路茫茫，纯为天然牧场。该地居民仍在游牧时代，逐水草而居，夏日移至高燥地，谓之夏窝子；冬日迁至低洼处，谓之冬窝子，如此辗转，乃能地尽其力，畜得其所矣。至中郭密之曲乃亥、罗汉堂及下郭密之和尔加、朵让尔等处，居民多耕牧兼营，田畴绕于村落附近，牧场另设深山秀野中。普通人家畜羊五六百只，牛百头，马二三十匹；千百户为番族酋长，畜羊至少在千只以上，牛二三百，马一二百。盖牧民之财富，即以牲畜之多寡为标准也。青海羊有两种，一为大尾羊，柴达木一带之蒙民多畜之，其肉味美而毛质较粗，故近似肉用种；一为小尾羊，郭密、玉树等处番民多畜之，其肉味较大尾羊稍逊，而其毛质较细，故近似毛用种，但番民不知育种方法，任其杂交，品种渐有退化。牛有三种，曰牦牛、黄牛、犏牛，犏牛乃牦牛与黄牛之一代杂种，性驯力大，乳多质佳，诚良畜也。至于青海之马，以骄捷善走闻名，其品种甚多，不便细举。畜产品以羊毛、羔皮、黄油等为大宗。

八、药材及其他特产

黄河沿岸沙漠附近，丰产甘草，年出一百余万斤，运销四川松蟠一带，为药材大宗。枸杞产量甚微，品质亦不及宁夏。荒山中蘑菇甚多，有黑、白、黄三种。山麓不毛之地丰产发菜。此外如大黄、冬虫夏草等，在距县府百余里之大河坝等处颇多。

九、地权、地价及田赋

荒地原属王公及千百户私有，设县以后，划归县有，人民须向县府领照，始得垦殖。领照税每张大洋一元，有照者即有土地所有权。已垦地每亩现值三四元，年纳粮五仓升，约合西宁二升半。

十、交通

由西宁经湟源至共和，骡车四站，马三站。由共和至贵德车不通，马三站。由贵德至西宁亦为马三站，车不通。西宁至湟源汽车可通，由湟源至共和，则非大加修筑，汽车难通。共和县府东境有茶纳峡，出峡经中郭密至贵德，贵德东境亦有石峡，名曰龙羊峡，此二峡形势险峻，与龙门相彷佛，水成瀑布，木材亦难流放。将来如能凿穿此二峡，则由共和至贵德皮筏一日可达，青海内部皮毛等大宗出产，可由黄河直接运至兰州矣。

十一、民情

　　共和县大部居民是藏族（即郭密族），俗称罗哇，设县以来，五方杂处，如曲沟居民不满二十户，而语言不统一，风俗又各异其趣。番女大部赤脚不着裤，然其上衣宽而且长，直拖脚面，腰系红绿色布带。她们的性情与内地汉人迥异，据余观察而论，番女确有下列四美：第一社交公开，不避嫌疑；第二笑声浪漫，态度大方；第三清歌善舞，精神活跃；第四身体健康，勤苦耐劳，俱此四美者，在一般所谓东方美人中实不多见。至少重要工作，如牧畜、耕作、取牛乳、制黄油等，概由妇女担任，一般男人，或群居终日言不及意，或蹲在帐内吃茶吸鼻烟，或乘马荷枪出外行猎，此外便无所司事矣。

一九三四年秋于西宁

　　《新青海》第二卷第十二期，1934年12月，第43-46页。

青海共和近况

共和为本省新设县治，其社会一切情况，与内地迥然不同，且因境内交通不便，内地人士鲜有足履其境者，发[①]是记者以为该县社会情形，极有向国人介绍之必要。

一、政治

该县幅员辽阔，居民除极少数之汉回民众外，其余均系蒙藏人民。全县人口约计四万余人，县治偏于县境东南隅，亦未建修城垣。全县总面积较内地县份约大至四五倍，东西约有八站路程，南北约六站，县政力量，尚能达到全县属境。县府组织比较简单，计内设总务一科，建设、教育两局，于民国二十年改局为科，隶属于县府内，县政府处理蒙藏民刑案件，多依番例番规办理，其他距县治较远之地方，其人民诉讼，亦间有由当地蒙藏头目、千百户等直接处理者。地方自治，因蒙藏人民为游牧生活，逐水草而居，移徙无定，尚未举办，更以地方风气固蔽，民智未开，关于自治之推进，目前尚难着手。公安局原有警兵五十名，几年来逐渐裁减，现留有马警十名，枪械俱全，地方治安，颇为安谧，盗匪绝迹，俨然是升平世界。

二、教育

该县原为蒙藏民族住地，在未设县以前，居民全以游牧为生，故从无学校教育之可言。自民国十八年由省政府划上下郭密一带地及西宁县境一部分辟为共和

---

① 发应为本文作者李自发。

县后，即于斯年在县城筹设初级小学一处，当时入校学生，尚多观望，除附近汉回子弟情愿入校外，其蒙藏人民多不敢送其子弟使之就读，蒙藏人民对此破天荒之学校教育，尚无丝毫认识也。民国十九年，县府又改该校为高级小学，迄后逐渐在下郭密、亦杂石两地，各设初小一处，县回教促进会亦设初小两处，总计截至目前，全县共有小学校五处，学生共约一百三十余人。其学生人数之少，较之内地各县，相距不啻天壤。故该县教育谓之为萌芽则可，若不推广，尚有待于社会人士之热心倡导。各学校教员多系中学毕业，学生书籍，完全由县府供给，惟因当地无书局之设，且以距省遥远，交通不便，每年购买书籍，极感困难。教育经费完全由地方款项下开支，全年共约八百余元。近年因风气渐开，蒙藏子弟亦多有入学读书者，蒙藏子弟禀赋聪颖，与汉民子弟无异，若能逐步推进，则沟通汉藏语言、文化等，至为易事。各学校设备，多极简陋，学校建筑一无所有，影响前途至为巨大，县中教育当局，鉴于教育在国家民族前途上之重要，拟自本年起实行强迫教育。

三、建设

该县草创伊始，一切建设事业，因为限于人力、财力以及种种关系，尚多在停滞状态中。其业已成功之几项建设如下：

去岁省方见于共（和）贵（德）属境上下，黄河横贯，蜿蜒数百里，影响两县及附近各地南北交通甚大，特鸠工兴修黄河浮桥（即和德桥），由共、贵两县协力负责办理，经两县民众数月之胼手胝足，始告落成。此桥成功后，黄河南北天堑顿变为康庄大道，畅通无阻，岂独行旅称便而已，其有形无形影响于政治、军事、文化、经济等等，亦非一言可尽也。

县府于去岁，以经济为推进一切事业之基础，而发达商业又为经济活动之最大关键。并见到该县过去商业之飘忽不足，特在县治中心地方，建修铺面二十余间，亦于去岁竣工。以冀发达商业，活动地方经济，更间接补助地方政治，使之日臻上境。所有以前占流动性质之商人，现已赁居者数家；尚有数家，正在计划赁居，因此种铺面之建修，亦间接胚胎该县城市社会之雏形。

该县因相距内地太远，消息传达，极不灵便，县府特于去岁栽设由恰卜恰至县治电话，现由共和与省垣直接可以通话。

本年县府并计划修筑属境道路。

四、商业

该县社会情态，尚未步出游牧生活之领域，以故皮毛茶布等物为商业交易之中心物品，汉商与番民买卖，完全以物易物，货币除智识稍开之番民外，其余均不行使，即县治地方，金钱亦无法流通。土产皮毛，由鲁沙尔、湟源一带毛商收买，县治近因铺面之建筑，商业前途，视之似有发达可能。

五、物产

县中出产，以皮毛为大宗，毛约年产三百余万斤，皮约四十余万张，每年所值甚巨。此外，凡本省各县所产之农产物如麦、豆、黍、米，蔬如瓜果、葱蒜之类，均能成熟；花生、棉花，尚在试种中。但按近一两年来之成绩，试验成功，颇有把握，因该县气候，无论较本省某一县份为热。甘草遍境皆有，黄河沿崖沙金，蕴藏亦不在少，惜尚未经人掘发。哇日贡大山发菜，大河坝蘑菇，生产又为丰富，其余如鹿茸、麝香、木材等产量亦颇不弱，其他农作物园蔬作物，若有人试植，其宜于土质及气候尚多。

六、气候

该县气候与兰州相差无几，雨水比较稀少，二、三月大风时作，来势至为猛烈云。

《新青海》第三卷第四期，1935年4月，第59-61页。

青海同仁县风土概况

一、关于疆域沿革

同仁本属循化，民国十八年四月，建设治区，是年七月，改设县治，为同仁县。地点在隆务寺，距保安三十里。保安昔被吐谷浑所据，明季克复，住地筑堡，开东西二门，名曰保安堡。中修衙署一处，置都指挥一员，戍守边陲，控制西番。清乾隆间，建设循化抚番厅，管理保安十二族番民，改都指挥为都司。民国成立改厅为县，现在保安有一百二十余家，系从前遣散官兵。自县沿东至大欠达强山与夏河县境为界，西至大雪山与贵德县境为界，南至黄河与夏河县境为界，北至清水河口与循化县为界。东西相距约一百六七十里，南北相距约四百三十里。

二、关于种族户口

汉民、回民有住县街者，有住保安镇者，人口共二百五十户，男女一千零八口。务农番民住土房，畜牧番民住帐房，土房番民共一千五百六十四户，男女四千七百二十口；帐房番民二千二百七十九户，男女六千七百二十二口；寺院僧人一千六百四十二口。全县共计四千零九十户，一万四千零九十二口。

三、关于宗教风俗

境内有美国教堂二处，民国十四年建修，宣传耶稣教，入教汉民四五家。回民礼拜寺一处，民国十三年建修。番僧寺院十八处，僧人信奉喇嘛教。

婚姻：先请媒妁作伐，聘定后择日迎娶，汉回男女多十七八岁成婚，男女两家设筵酬客，汉回相同。番民聘娶少而招赘多，男女年貌，不甚相当，强半男大于女，成婚时以酒肉款待亲朋，极其简单，不如汉回之丰盛。

丧礼：汉于死者物故之日承殓三日或七日出殡，有请礼生祭奠者，有请僧道诵经超度者。回民父母死后以水洗身，不用棺木，只用白布囊盛尸三日出殡，请阿訇念经，丧家将亡人新旧衣服抬送外家及阿訇，又以钱财布散来宾，惟念经人所得略多。番民丧礼，无论老幼男女，殁后二日抬往旷野地方，置尸于土台，推磊木柴，亲朋各执油瓶柏香，齐集一处，柏香加于柴中，清油浇于尸上，以火燃之，俟骨肉焚化而散。

衣服：男女多穿皮衣，盛暑穿布衣。女人头发擦酥油，梳碎辫，系一布带与腰齐，宽四寸，带上拴银碗七个。两鬓挂大耳环一双，珊瑚两串。

四、关于人情习惯

汉回人民，俱系客籍，小小营生，日谋升合，均尚勤俭。惟番民男子不下苦工，土房女人，运土发粪，春耕夏耘秋获，多由女人操作，每日三餐阖家团坐灶房火炕沿边，食炒面茶馍，夜宿连锅土炕。帐房亦是女人下苦，将牛毛帐房，撑于避水之地，离地尺余，四周内堆放食粮及其他东西，起灶处，天棚揭开。女人最勤苦，每早起洗脸，挤牛乳一次，放牛羊后攒粪；早饭后，又将牛粪制成方块晒干积蓄，以作燃料，打酥油，捻毛线织毛褐；午时牛自来挤乳一次，日落时又挤一次；晚间拴牛犊，门前左右极宽，栽木杆系长绳，以为拴牛之需。男子爱饮酒、骑马、负枪、佩刀，夜间老幼宿帐中，壮者露宿帐外守畜，雨中覆一大毡袄，淋雨不透，雪中覆一大皮袄，积雪盈尺，一抖自落，其不消化者，因严寒也。

五、关于山川气候

大欠达强山脉，由西北来，亘袤千余里，山势崇峻起伏不一。增得勒山脉由西来，与大雪贯络，山形险恶，横亘二百余里，大雪山山形耸峭，矗之云霄，气候极寒，六月积雪。苏呼勒河往北流，入同仁河；则曲河发源于增得勒山东流，入于夏河；八曲河发源巴颜喀拉山，往南流入黄河；清水河发源三姊妹山，北流入同仁河；同仁河北流至循化界，经黄河。

六、关于古迹名胜

隆务寺院，工程巨整，有经堂一座，庄严灿烂，门首悬木匾一面，大书"西域胜境"四字，系大明天启二年书，金字辉煌，宛如新造。

七、关于政治实业

县治区中山街、德化街、理化街一律修成鱼脊，两边掘渠，乡区通行大道，派夫修理供臻完善。百货各税，年收不过二万元，额粮三百八十六石。学校有第一初级小学校一处，学生七十余名。商业春则买皮，秋则买毛，行商俱系外客，坐顾本地仅有一二。土房田地无几，农业无由，帐房地方宽阔，春秋二季皮毛换粮。牛羊虽居多数，死亡相继较之昔年，大相悬殊。一家三子，二子为僧。逐水草以游牧，年深日久，水草颓敝，此天然之淘汰，非开垦实边无法挽救矣。

《新青海》第一卷第九期，1933年9月，第47-49页。

青海民和县之社会概况

建设：全境道路建设，有自莲花塘至海石湾之省道，计长三十里，宽约二丈五尺，马车来往，甚为平坦。县道有一，即自县城至化隆县界，计长九十里，宽约一丈五尺，亦较可观。

商业：民和以壤地偏小，商业萧条，商店最高资金，约占十余万元者，仅一二家，最低者不过二三百元，销售方面，以布茶为大宗。

工业：手工业有木、铁、鞋、毛织、皮革、油酱等业，均在川口、享堂、古鄯邑等地，铁、木、鞋各业制品，概销于本地。毛织品如褐布，每年约出一万余匹，毛毡约出五万余条，皮革类如羊皮每年约出九万余张，牛皮约出六千余张，油每年约出七十余万斤，除供给本地外，而运销于兰州者，为数颇多。

农产与经济：民和地狭山多，气候阴寒，每年至三四月间，冰雪冻结，尚不融化，入八月后，即雨雪霏霏，故农产甚不发达。农家于三月播种，九月成熟，年仅收获一次。南部官亭乡，北面川口等地，尚教温暖，耕作时间较长，然亦只收获一次。全年每亩生产价值，上等水田约十五元，中等水田约十二三元，下等约十元左右；上等旱田约十二元，中等旱田约十元，下等旱田约四五元；上等脑田约十元，中等约七八元，下等约五元。农产以青稞、小麦、山芋、豆类为主要产品，每年约产青稞三万余石，小麦八千余石，山芋五万余石，豆类三万余石；次要产品，如大麦年产约三千余石，小米约一千余石，每年输出兰州者约数千石。近年以还，农村由于天灾肆虐，生计困难，而借贷利息日重，富豪家积粮放债，重利盘剥，每洋一元年利，多在三角以上。

地主与佃农：佃农每年春耕时，向地主租地，即将租价议定，每亩纳粮五升或三升一升不等，恒以地之肥瘠为断，至秋收后，即照数缴纳。或有地主无人力耕种，租地于他人，至秋收后分捆者，有四六、三七两种分法，俗谓分伙种。

民业：全县居民之职业分配，农民约占全数人口百分之八十六，学界约占百分之二点七，商界约占百分之五点四，工界约占百分之二点四，其他约占百分之三点五。而农民方面，自耕农占全数约百分之八十，半耕农约占百分之十，佃农约占百分之五，雇农约占百分之五。

宗教：境内民族复杂，信仰不一。汉民崇拜多神；番民纯信佛教，又有红教黄教之分。回民归穆教，信仰颇深。

《新青海》第二卷第五期，1934年5月，第51页。

青海贵德县之社会概况

本县之社会概况，据调查如次：

教育：行政机关有教育局一处，全县计完全小学二处，初级小学十八处，学生共七百余人，共六十二班级。教师共四十余人，其资格中等学校毕业者十分之二，小学毕业者占十分之八。学生年龄在二十五岁以下，八岁以上。每日授课六小时，课本甚不一致。招生或主强迫，多有自由收集者。经费来源，大半由各种税收及地租等拨，其筹自地方者，为数不多。

建设：全县道路，多崎岖狭窄，无可称述，稍差强人意者，仅为城内北门至南门之马路，长一里余，宽一丈五尺之谱。

工业：各种手工业不甚发达，其主要产品，如皮靴每年约出六千余双，皮衣约出七千余件，毛毡毛袜每年约出八千余件，酒年约出三万五千余升，油年出约六万三千余升，每年除皮毛运销津沪外，其余出品，均供给本地。

商业：商业方面，因地处偏僻，甚为萧条，商店无多，其资金最高者约三四万元，余为数百元，销售以茶布等为盛，输出以羊毛羔皮为大宗。

农产与经济：该县水地，每年产额价值，约三十元，旱地二十元，脑地约十元。其主要农产物，如青稞年产约一千五百余石，大麦二千余石，小麦一万四千余石。次要如山芋年产八百余石，豆类七百余石，胡麻七百余石，菜籽七百余石，此外，如小米荞麦等产额，年仅数十石。农家播种期在三月间，至七月间成熟，每年仅收获一次。农民借贷利率，至少以三分至五六分不等；借贷时，将自己田地或住房作为抵押，立具合同，书明归还日期，如逾限不交，可将抵押物偿还，或将利息统算加于本银内，照复利法生息。

地主与佃农：佃农与地主纳租，有纳租金、纳租谷、分租三种，普通纳租金，每亩地在六元左右；纳租谷，每亩租小麦一斗二升，大麦二斗，青稞一斗七八；分租或主均分，瘠薄地则有三七、四六分等，以上三种均于秋收后，照数缴纳。

特产：特产以皮毛为极盛，计每年输出羊毛，约在一百五六十万斤左右，其他出产，数目极少。

民业：全境居民职业，农民占全数百分之五十，工商占百分之五弱，游牧占百分之四十五强。而农民方面，自耕农占全农百分之四十强，半耕农占全农百分之十强，雇农占全农百分之五十弱。

宗教：全县汉番民众，均信仰佛教，或有奉拜偶像者，一遇灾难或争执，概向神佛前祷告并求判决。回民一律信奉穆教，势力亦极大。

灾祲：除水旱各灾外，番民之牛羊，于秋冬时死亡甚多，人民每年以疟病、痢症、天花为最多，惜未能设法防御。而今年之雹、水灾，农村损失甚巨，而番民之牛羊，罹害者尤为不赀。

田地价额：全县农民耕地，分上中下三等，上等为水地，中等为旱地，下等为脑地（山中冷湿之地），水地占全县地亩总数十分之七强，旱脑占十分之二弱。水地每亩最高价格为三十元，普通为二十余元，最低为十三元之谱；旱地每亩最高价格为十三元，普通为七元，最低为四元；脑田每亩最高价格为四元，普通为二元，最低为一元余。

《新青海》第二卷第五期，1934年5月，第52—53页。

青海贵德县人民生活琐谈

/天　石

　　"青海有个贵德县，距省只有两天半，地处河南气候热，花木瓜果样样全，汉回藏族很合气，衣食住行不烦难。"这几句话可从一般曾经到过贵德的人口中听得到，也可说是贵德大体上的一个轮廓。贵德是我的家乡，生长在这个地方的人，对于本地的情形，以及人民的生活习惯，谈起来自然比一般外地人们以走马看花的认识，来得真实一点。所以就拿平日个人所知道的看到的，将贵德县地方的情形，向大家作一个简单的介绍。

　　贵德距离西宁（省垣）约有一百八十余里，位在省城的西南角上。省垣到贵德，平常大家都走三站，脚程如果健强，两天也可以到达。途中经过的大水是黄河，大山是拉脊山，拉脊山高有数千尺，并且路甚窄狭，大石崎岖，难以行走，往来旅行之人，没有不说苦的。尤其是贵德黄河的船渡，人畜上下的拥挤，货物运卸之紧张，以及其他危险的情形，会使一个初次经验的人，裹足不前，视为危途。自从民国二十三年黄河浮桥建修竣工以后，对于来往旅行者给予很大便利，以前的麻烦和危险，一概消没了。同时，拉脊山改行大峡以来，道路比小峡宽坦好走，虽然多绕三十里，人们都愿走此大路，不行危险的捷路了。

　　贵德县城，北临黄河，南通同仁县，东有扎马山，西接同德县，全境面积广大，水草茂盛，最适于垦牧的事业，距县城二十里以外的地方，几为番民（即藏族）游牧牲畜的原野，间亦有汉回杂处其中，从事垦牧的。贵德的气候比西宁稍热，与乐都县相彷佛，所以农作物的成熟，也比较他县为早。全县的土地，水地约占十分之八，旱地约占十分之二。农民的农作物，多属青稞、麦子、大豆（蚕豆）、胡麻、芥子、山芋等类，种玉米、粟、荞麦的不很普遍，因为一年中冷季长、热期短，或是此种谷类，成熟期较为迟晚的缘故。但惟有荞麦，可种在收割青稞后的田中，三个月的时间，就能成熟，不过这只限于水地，旱地那就不行。此外贵德的园艺事业，也算不差，果树很多，种类亦不少。蔬菜方面，可说应有尽有，瓜果的收获，质量都好，每年秋冬时期，大量运往鲁沙尔和西宁的城乡去销售，出路很佳，尤其是长把甜梨著名全省，颇受顾客的欢迎。贵德因为地方边僻，交通不很便利，文化落后，教育不发达，全县仅有初级小学十五处，高级小学一处，又以经费人事种种关系，成绩不佳，所以每年赴省升学的，为数有限。比较民国十五六年以前的情形，大有一落千丈之势，现在若不积极挽救，终难免于崩溃，这是贵德教育前途的一大隐忧。然而贵德的回教促进会，近几年来教育进展很快，办理的成绩很有可观，将来的前途，更不可预料了。

说到贵德的居民，有汉回藏三族，其中藏民占大部分，汉人次之，回民又次之。藏民中因为所处的区域不同，职业有所差别，故又有土番和野番之分，土番是有一定的房屋居住，有土地可种，同时兼营畜牧事业，但是所养的各种家畜，总不如野番的发达，数量也没有那么的多。他们的风俗习惯生活，比较起来稍有进化，饭食能以仿效汉人，虽然不十分好，但他们已有愿意学着汉人生活的趋势了。所谓野番，就是搭起帐房，住在深山旷野的藏民，他们是逐水草而居的，常时迁徙不定，可是有一个自己部落去放牧的界限，倘是越入他人的牧地，定会受到其他部落牧民的攻击。野番又称帐房人，因为他们不像土番一般的农牧兼事，所以唯一的经济来源，就是依靠所养的家畜的出产品，衣食住行之问题，完全靠马牛羊身上的产物来解决。富厚的人家，牛羊马很多，一家豢养一二千匹马，三四千头牛，几万只羊，那是不足惊奇的。藏民性格强悍、好斗，善骑马射击，并且很合群，能组成坚固的团体，所以自卫力很强健，任何人不敢轻易侮辱。

至于汉民，差不多住在城厢附近，有务农的，有做工的，有经商的，职业很不一致。智识方面，比较也高一些，家境稍为好些的人，很愿意送子弟们到学校里去求学，不像藏民宁叫去当喇嘛，不让弟子去入校读书。

回民方面，与汉民合住在城市或乡村中，大部人经营商业，也有做工的，工人中又多是当皮匠的，穷苦的人也有去务农垦牧的。他们笃信宗教，性强悍，团结力也很强大，尤其是他们的勇敢、耐劳和互助精神，为他人所远不能及。

贵德的人民，不论那一族，从来不分畛域，没有互相仇视的现象，因而彼此间的感情很是融洽，联成一气，并且很能相助，没有你有事，我在袖手旁观，或他有事，你是隔岸观火的。举个实例来说：当在民国二十二年回教同胞要建筑一所大规模的礼拜寺，汉藏人民或者帮工，或者捐料，以期促其早日成功。又记得民国十八年从黄河以北窜来了一股土匪，城内得到消息，一时便纠合了一千多人，汉回担任城垣防御工作，藏民负担游击责任，结果地方得于安全。就此两点来看，也可以知道贵德各民族和好的一斑。

贵德大概的情形，已如上述，现在我将贵德城厢附近居民的生活情形，分衣食住行的四方面，叙述于下：

一、衣服方面

每到夏季里，有两句谚云："过了三月三，脱去棉袄换布衫"。在这个时节，天气已渐热了，除去老年人外，人家就换夏衣，一般人都爱穿白布汗褂，黑布或蓝布裤子，上面穿一件大蓝长袍，戴一顶大草礼帽，或瓜皮小帽，那就很可以了。布的质料，很少有用绸缎的，普通用的都是永吉布，或者粗大布，如果穿上一套丝布做的或细斜布做的衣服，那么可算很漂亮了。一到寒冷之季节，有钱的人都穿的是皮袍子或者棉袍子，上套一件皮马褂子，皮袍子或马褂子上，皆有布面子，但布质的好坏，那就全看自己的经济能力如何而定。皮袍子可以分作好几种，存以盖羊皮做的，有拿狼皮做的，有以狐皮做的，也有用猞猁皮、水獭皮作成的。他们戴的多是皮帽的，或火车头式的棉帽子，常出外之人，大都戴火车头的虎狼皮帽子。冬天脚上穿的，闲坐的人多是厚底的肃州窝子，或者凉州毡窝，穿起来非常温暖，但也有许多穿自己家里的棉鞋。说到一般劳苦的人，或是家境不好的人，过冬的时候，他们爱穿秋板（秋天的羯羊皮）的老羊皮的白板皮袄，或者皮褂、皮裤，都不放布面子，因为在秋天取得的老羊皮，毛很长很密，而且皮板子很结实耐久。如果是羊皮板子，调制得法，使他柔软，成为绸子一般，它不但穿起来暖和舒适，同时对皮板子的坚韧度也就增强了。所花的钱不多，穿起来又能耐久，可过几冬，所以这个白板老羊皮是穷人们在冬日唯一经济的御寒的需要品。他们在冬天戴毡帽子，或羔羊皮帽子的，很不一样，上面所说的穿皮衣的大都是成年以上的人。而对于小孩们，因为老人们常说皮衣不可穿的过早，以免把将来的火气拔尽，所以有人也信以为真，就不让孩子们从小就穿给皮衣。贵德的人们，所以在冬日都爱穿皮衣，这也有特殊原因，前面已经说过。全县人数中藏民要占大部分，而藏民又完全务于畜牧，故皮子的来源丰富，在本地价值不高，这自然要使他们自己不能不利用了。衣服的式样方面，城厢的人因为和外来的人接触机会较多的缘故，当然要合时一些，虽然不甚时髦，但也有随时改良的倾向，像那乡里人们穿的宽袖高领的衣服，戴的红缨帽子（满清时夏帽）以及其他一切，异装奇服，近年来可说再找不出来，这也可以证明渐渐趋向于新的时样了。

二、饮食方面

本地的农产品以麦子为主要，所以吃的差不多，都是小麦面粉，豆面和青稞面占着次等的地位。但是，藏民乃为例外，他们的糌粑——即炒面，是以青稞做成的，倒看得非常的珍贵。人们平日吃米的很少，除了富厚之家到了四头八节或宴会的时候吃米饭外，平常都不得用，因为米全是由外路来的，价钱很贵，若不是经济充裕之人，老是难吃到的。贵德城厢的人，习惯上早餐中餐，多半吃的馒头或干粮，喝的是清茶或乳茶，夏天佐以新鲜的蔬菜，冬日伴食的是腌菜，晚上都吃的面饭，或是羊肉、牛肉、蔬菜也是顿顿不离。贵德土壤适于长菜，各种蔬菜都能生长得肥大，差不多应有尽有，有园圃的人家，不用说是自种自食，没园子的人，购买也很便宜，所以吃菜是很普遍的。可是藏民却不然，他们不吃蔬菜，尤其是野番，根本不爱吃蔬菜，只有肉、乳、糌粑是他们唯一的食品。贵德藏民牧养的绵羊很多，常时大批的运到城厢交换必需的物品，如长方块的茯茶、斜布、青稞、番面等等。羊的价值很贱，所以人们随时有肉可吃，像到每年秋冬，羊价非常便宜，吃肉比吃面还要贱哩。

至于饮水，有很洁净的泉水井水供给饮用，没有丝毫的杂质在饮水中，比之自来水还要干净，同时黄河在北门城外，挑取也很方便，所以也有用河水的。黄河在人烟稀少的上游，并不像下游一般的水中含有多量的污物，而致混浊不堪，甚至喝了传染疾病，而在这里的河水，虽然不及泉水，但是如论比吃江南池塘水的，不知要干净得多少倍了。人们最爱喝清茶或乳茶，在那里有一种茶，叫作茯茶，听说多是由四川一带运来的，形状长方，一包大约有五斤重，价钱也很贵，可是不论穷富的人都非常欢喜用它，并且习惯很深，有的人们常说馍馍不吃还可以，而茶非喝不可。

此外小吃方面，热天西瓜、甜瓜，各种果子，样样都有。而果子自秋春都有，可以吃的水果不断，按卫生讲来，这些水果对于人们的消化，实在有很大的帮助。现在将普通一般的款待客人的习俗，也不妨谈谈，城厢方面除了喜庆丧葬所设的宴席与西宁的乡俗大致相同外，对于普通的请客是这样的：客人到家，先请吃酒，同时上几个普通的炒菜，然后摆上大盘的手抓羊肉（就是煮熟的如拳大的肉块）；吃的方法，或用手直接撕食，或用牙或用刀割吃，大吃一会，最后还有一顿手揪面片或长面，这样就算完事。时间既很经济，所费又不甚多，最合乎实际，又不浪费。如像回民的向来不吃酒，着重在茶食方面，还有番民的生活根本简单，他们的节约情形，更可想而知了。

三、居住方面

贵德地价不贵，院宅租卖便宜，无论自己建筑房屋或是赁居房屋居住，问题都是容易解决。房屋的形状，屋顶都是平的，每家独居一院，一院有数家的很少。庄宅周围为四方形，或长方形，四面都盖房子，庭中为空地，富裕清闲的人家常圈成花园，种植花木以增景致，而作玩赏，户口大的人家，尚有一连贯通几院。建筑材料有本地的树木做梁、做柱、做椽，用不着仰求于人，墙壁都是用长方土块砌成，或者用湿土筑成，高有三四丈或五六丈，土质很坚硬，建筑起来最为耐久，不容易为风雨剥蚀而倾覆，屋顶上盖覆木板，铺上木片，再以草泥厚糊其上，使之平整，叫作上房泥，干后人在上面可以自由往来，毫无关系。如发现漏水的地方，用泥把它填补就可以了，每过二三年能够重新上一层房泥，那是更好。在街上所见到尖顶的或马脊梁的砖房，那都是庙宇，居户没有采用这种形势建筑的，如像江南的草房，那是更找不到，我想就有也不适合环境，因为大风大雨太多，秋冬之际更是厉害，草房子在这狂风中实不易支持。有钱的人家楼房也有，多是一面的，方向不一，房内的格架，有用土块砌成，有用木板装起，一面房子常格成两间或三间，一头有土炕或者板炕者，炕中空虚，以备秋冬天气寒冷时在炕底下煨火取暖；另外一端放置桌椅凳子，及柜橱等等，设备很是简单。小康之家，房子多糊顶棚，壁间多挂字画，地下铺上地板，炕上铺的羊毛毡，颜色有红白黑三种，红为上等，白为次的，黑毡最次，被褥是用各色棉布或西藏的红白氆氇做成，内容物是羊毛、驼毛，用棉花的很少。穷人们铺的多是黑毡或毡，没有被褥的人，常拿毛毡或大皮袄来代替被子。此外一切，大概与西宁情形相同，这里不必多说了。

四、行的方面

全县四面环山，道路不平，路政更谈不到，加以河滩交错，一举足之劳，必须跋山涉水，所以人们无论远走近行，多是以马骡驴代步。二十世纪文明的交通工具，在这里享受不到一点的好处，人们有的曾听过，或眼见过汽车、火车、轮船及飞机等等；而大多数的人，仍然茫无所知，根本不晓得近代交通利器给予人类之种种便利。但是乘骑牲畜，也有它的一定部位，不能不知道，有句俗话说："马骑前胛骡骑腰，驴骑臀部水上漂。"这话你若亲自去尝试一下，实在可以觉着是经验之谈，因为人们常骑马骡为减少颠簸的痛苦及增加行程的速度起见，所以对于走马走骡很是重视，对于幼驹，调教之外，常常练习压走，使它走的时候，成为一个平稳安适的代步工具。不过这是多属于家室殷富的人所干的事务，一般的人只要有代步的就可以了，那能去讲究，其实也是无法如愿。离开贵德城三四十里以外的地方，旅客往来常感不安的要算盗匪，从前掠劫货物，甚至因抵抗而致被害的事情常常可以听到，近年来由于防军的努力，巡逻逮捕，严加惩办，盗匪已稍敛迹，不过还没达到彻底安宁与根绝的地步，这也有事实上种种原因，一时难于消除。所以人们旅行远程，除了多结伴侣和准备自卫利器而外，再无他法可想。步行的单人旅外，第一不可缺少的，就是手持一条五尺长，很结实的木棍，腰带一把满尺或七寸的刀子，以作若遇不幸事情发生时的生命保护器，其次带的才是防御雨雪的毡袄或褐衫，及装放食粮的褡裢或皮囊。骑行的人出走远路，除普通应备的行装外，尚有背枪械的，或跨带大马刀的，一遇盗匪拦路欲劫，则常相互对峙拒抗，使盗贼无法下手，若是旅客的骑术好、射击准，或同伴众多，反将盗贼逐走，使其胆寒。就是万一不幸为贼匪所败，劫去马匹货物，只身设法从千百里的荒山野滩艰险地中亦能逃回，以后还是照样行走，经过原道而不因此灰心丧气而至裹足，他们不怕险阻，虽然由于环境和职业的驱使，不得不如此，而其勇敢冒险的精神，和吃苦耐劳的魄力，可使人叹服啊！

上面所说的，是我随想随写，当然说不完全，遗漏的地方不少，同时文笔的拙劣，更是难以避免，不过有许多朋友时常向我问到关于贵德的情形，一时口头也不能叙述清楚，所以才敢大胆的将贵德城厢人民生活的情形，简单的记述出来，向读者诸君作一个片段的介绍，我想读了以后，必定有一个概念吧！

《新青海》第五卷第二期，1937年2月，第27—32页。

青海大通县之社会概况

建设：境内赴西宁省道，计长一百一十里，最宽度为二丈。县道三条由县城起，北至门源县九十里，宽一丈八尺；西至湟源县九十里，宽一丈五尺；东至互助县九十里，宽一丈。城内街道，东门至西门长约半里，宽八尺，建筑均尚平坦。又距城四十里之东峡河，于去年建东峡桥一座。距城三十里之煤窑，筑运煤大道一条，工程较大。

商业：自民国十七年土匪扰乱后，损失极重，元气迄今未复。又往年与门源未分县时，所有输出皮毛，由本地商人经营；自分县后，皮毛业遂操于门源人之手，以是商业萧条，日形衰败。现今各商店资本，最高额两千元者六七家，百余元者十余家，五六十元者亦十余家。每年输入销售方面，以茶、土布、斜布、丝布为大宗；输出物品有皮毛、盐、酒各项，约计每年输出皮毛数目约在十万斤以上，羊牛皮约三千余张，牛皮鞋约一万余双，青盐约二十余万斤，酩馏酒及油约三四千升。

工业：全县手工业多种，规模均小。毛织品如褐布年产约四五十匹；毡约百余条；酩馏酒年产约二千余斤，仅能供给本地；皮革每年出产约二千张，输运天津包头等处销售；油酱年产约二万余斤；草纸年产三十万张，均销售于兰州西宁各地。总计全县工人约四百余名，至去年始成立工会，惟履行登记者极少。

特产：大通特产，有著名之煤矿，在离城东三十里之樵渔堡，产额甚富，周围二十余里，煤质极佳，多系无烟。窑洞共四门，内有十二门为私窑，二门为官窑，深凡三十余丈，每窑可日出煤约九千六百余斤，共计每日可出煤十三万四千四百余斤。此外有水井二门，以防打窑内之水。此矿当经调查，系开采于明洪武时，迄今五百余年，其历史可为悠久。惟其组织及开采方法均极简单守旧，除窑之地主外，即为窑主及主人，窑主于昔时，每日为地主纳煤二百余斤，近年渐归独占。工人薪工极廉，或以煤代之，然用旧法开采，需力大而收效少，因之营业未见畅旺。运输方面，尚用大车或驴马，故销路仅限本县及省城（西宁）、互助、门源、湟源、乐都、民和数县，如能采用新法，扩充改良，则供给全省不难也。

农产与经济：田地分水田旱田脑田上中下三种，每年每亩产量，依住年计算，水田约收六斗，旱田约收五斗，脑田约收三斗。近年以水旱频仍，收成大减，每年水田每亩约收四斗，旱田约收三斗，脑田约收一斗。每亩全年生产之价值，水田平均约三元，旱田平均约二元，脑田平均约一元左右。农产主要物如青稞、大小麦、豆类，次要如山芋、小米、胡麻、山菜、燕麦等，均盛产之，共计年产约十余万石。供给本地居民外，并贩运甘凉各地谋利。每年播种时期在四五月之间，成熟在九十月之间，而每岁共收获一次。农民借贷利率不一，有借银、借茶布、借粮三种，利息均颇重；借银之利息，通常三分，或有至十分者；借茶布之利息，如借茶一包或布一匹，秋后交洋五元或麦二斗；借粮利息，如青稞一斗，秋收后还麦一斗或二三斗不等。

地主与佃农：佃农向地主立约租田后，每年该地粮款，由双方担负，每年秋收告竣，将租粮按原定数交纳，每亩一升或二升不等，或有分租者，惟粮款杂差，均由地主自负。

民业：居民职业，农民约占百分之九十，工商各界约占百分之十。而农民方面，自耕农约占总数百分之五十，半自耕农约占总数百分之二十，佃农约占总数百分之二十，雇农约占总数百分之十。

宗教：全县有汉回番土四族，信仰颇殊，回遵奉穆教，于礼拜日群聚清真寺诵经，又每日作小礼拜五次，其地点依时随地而行，惟该教有旧教、新教、新新教、崭新教四种。番土信仰佛教，朝见活佛时，活佛如以木棒或竹棍向头部微打，并以头向活佛卧床坐位碰之，即引为大宠，以为必可免除一切灾难。

灾祲：境内以多大山，地势高寒，故每年旱、雹各灾，为害最烈，每于三月至五月间为旱灾，五月至八月间为雹灾，约计损失农产物占百分之六十以上，而今秋水灾、雹灾，农村所受损失，极为惨重。

《新青海》第二卷第六期，1934年6月，第47-48页。

湟源县之社会概况

本县之社会情形兹调查分志如次：

教育：行政机关有教育局，全县计完全小学三处，初级小学四十六处，学生共约二千三百余名，教师共七十人。其资格中等学校毕业者占其半，余均为小学毕业或前清廪生等。学生年龄最大者二十岁，最幼者七岁。周授课三十六小时，采用新时代课本，入学均主招收，除第一小学附有图书室外，余概阙如。经费来源，城市学校由教育基金项下生息，乡村学校概由学田租粮或于地数摊收之。

建设：境内有东至省城（西宁）大道，计长九十里，宽约丈余。由县城西南至日月山，为通共和、大通，计长七十里，宽亦丈余，域内有马路一条。自东关至西关，计长二里，余宽丈余，均尚平坦，汽车能通。

工业：手工业以皮业为主要，纺织业次之。皮业由生制熟，计野牲皮年出约三千余张，老羊皮年出约四千余张，白黑羔皮年出约十万余张，共计达二万余张，可谓盛矣，其价值约计七万元之谱，每年概遍销于平律一带。又熟牛皮年出约二千余张，价值约二万余元，制成靴子后，均卖于番民。毛毡年出约二百余条，口袋年出约一千余条，酒年出约五千余斤，油年出约二万余斤，其销路均在本地。

商业：本地夙为商业繁盛之区，除省城外，在各县首屈一指。自民国十八年土匪马仲英部攻陷，商店多被焚掠，元气大伤。加之近年以还，东北事起，皮毛停滞，商务萧条，因此商店歇业者甚多，迩来虽较有转机，而欲恢复先年状况，须俟诸异日。现在各商店资本，最高额占万元以上着，仅二三家，余均数千元或数百元耳。每年输入销售物品，以茶布、绸缎等为主要；输出有各种皮毛、鹿茸、麝香等物。

特产：县属第四区茶石浪地方有煤炭矿，深约丈余，矿苗尚佳，已由当地民众呈准试采。县属第二区小寺尔地方产玉，俗名加牙玉，深约二尺余，面积约三十方丈，由该处人民试采，制作茶杯及手环装饰品。县属第四区向河尔地方产铅，未开采。

农产与经济：全境内每亩地年产价值，上等水田约三元余，中等水田约二元五角，下等水田约一元五角。上等旱田约二元余，中等旱田约一元五角，下等旱田约六七角之谱。每年播种期，在三月间，七月终即成熟收获，年收一次。农产以青稞、燕麦、小麦为主要品，计青稞年产共约三千余石，燕麦约二千二百余石，小麦约一千五百余石；次要农产，如山芋年产一千余石，豆类二千石，菜籽四百五十石。农民借贷情形，其利率最高者月利四分，最低者月利二分半，期限不定，如无法偿还，即以作押之田产或房屋作还，债主执约管业。

地主与佃农：佃农向地主租地最多五斗地，最少为二斗地，普通为一斗五升地。租后，地主向佃户帮助金钱或耕牛。每斗地年租粮，最高为一斗五升，最低为八升，至十月间，为交租时期，地主与佃户感情尚佳，无苛刻事。

民业：居民职业，农民占全人口百分之九十，工商各界占百分之十。而农民方面，自耕农占全数百分之十九，半自耕农占百分之二十八，佃农占百分之二十六，雇农占百分之二十七。

宗教：宗教种类繁多，有佛教、道教、回教、天主、福音等教，大抵汉民多信奉道教、天主、福音、佛等教，番民纯奉佛教，回民遵守回教。

灾祲：每年夏季以旱、雹灾为最重，而今秋之雹灾、水患尤甚，所有农产物田地、牲畜多被淹毁殆尽。疾病方面，男子每年死于胃病、女子死于痨瘵病者不在少数，盖因气候寒冷，并喜饮酒食肉之故。

《新青海》第二卷第六期，1934年6月，第49—50页。

青海循化县之社会概况

建设：有赴省（西宁）公路，长凡五十里，宽约一丈。民国二十一年又于该路经过之古什郡峡（在县城西五十里）黄河上建筑握桥一座，长十一丈，宽一丈二尺，历时八月余，始克完成，工程巨大，行旅咸称便焉。又自县城东至甘肃省临夏县界，公路长约一百二十里，均可通汽车。

商业：循化商业，民国十八年前，尚称繁盛。自国民军入青后，横征暴敛，以致各商店资本大亏，负债累累，相率闭门歇业，自后虽经当局努力恢复，又因近年皮毛价跌，道途不靖，故元气迄今尚未恢复，现计已履行登记之商摊小店共二三十家。因此，商会尚未成立，至各商销售方面，如以洋布、官茶、纸张为大宗，资本额数，自一万至五万者仅一二家，余则多至数百元，少则七八十元为度。

经济：因商业萧条，金融枯竭，经济异常困难，农民借贷利率，最高者每月三分行息，最低者月利一分，普通者二分。凡农民如有急需时，先商定借款若干后，即将所有不动产，红契为抵押品，书立借契，注明告借银数，月利分数；若无红契，须请该村村长作保。如若借时，因系亲朋关系不愿行息，言明三月内或四月内偿还时，即书限期偿还约据，以免失信。再承借人不能按月偿利息时，预先注明抵挡所抵不动产字据，以资管业；惟日后承借人将本利如数偿清时，得收回原业。但承借人如能将每月利息偿清时，即十年或二十年，债权人亦不得责承借人限期偿还本银。

农业：循化地当黄河流域，气候较为温暖，田地分水田、旱田、脑田三等，各种谷类，多能成熟。至河南一带，平畴旷野，人烟稠密，为全县菁华之区，其余则山岭重叠，地多瘠苦。全境人口众多，故每年粮食，不敷应用。主要农产，如青稞、小麦、大麦、豆类、荞麦、燕麦、芥子等，副产如山芋、小米、胡麻、玉麦、辣子等均甚产之。计每年田亩生产价值，水田平均十五元，旱田平均十元、脑田平均四元有奇，现青稞每斗值洋一元六角，大麦每斗值洋一元七角，小麦每斗值洋三元左右，燕麦每斗值洋一元一角，辣子每百斤十四元。

地主与佃农：佃农与地主约租土地时，先请中证一二人，讲明承租情形后，则不书契约。至承租额数，多则三十亩，少则十亩，普通二十亩，春耕时如缺乏种子，地主乃借与之，待秋收后即如数归还，耕地之副产物，全归佃农。至纳租办法，计分二种：一为纳租金，按当时粮价高低，以为纳租金之标准；二为纳租谷，最高额每亩纳租麦一斗，最低五升，普通七升余。每年自秋收后，佃农先行通知地主，或由地主往收，如无力缴纳或歉收时，则由地主宽限及酌予豁免。普通纳租数量，无论水旱田，约占农产五分之二。

工业：工业则有手工业多种，如裁缝、铁器、木器、毡毯毛织物等项，营业尚未发达，毛织物虽设工厂制造，只是民办机器，无有进步，且产量亦不多。

宗教：全县宗教计分三种，即回教、佛教、基督教是。回教每村设一清真寺，全县共计五十八寺，每寺省城清真大寺委派阿訇一名，主持一切，回教向分新旧二教。佛教番族信奉之，全县每沟设有寺院四五处，计全县共十五处，番族家中，生子三人，即送二子入寺为喇嘛。基督教汉人多信奉之，惟入教者，不过为饥寒所迫，并非心悦而诚服也。

民业：农民总数占全县人口十分之五，工、商、学各界共占十分之五。而农民方面，自耕农最多，占总数百分之七十六强；地户次之，占总数百分之十四；半自耕又次之，占总数百分之四强；佃农占总数百分之三强；雇农占总数百分之三。

灾祲：灾祲每年以旱灾为最烈，风灾次之，又居民每年死于疫痢伤寒等症者颇多。因番撒人民占全境大半，因知识简陋，不讲卫生，又不知服药医疗所致也。而今年来，水、雹各灾继虐，损失甚巨。

《新青海》第二卷第八期，1934年8月，第54—56页。

青海互助县之社会概况

司法：司法归于省城（西宁）西互地方法院办理，故无司法机关及监狱之设施。

建设：有自县城起南行经沙塘川至朱家庄，西折行二十五里至省城，东折行四十五里至张家寨，为通兰大道，宽约在二丈以上，汽车可通，余均窄小，无足称述。

工业：各种小手工业如铁、皮革、炉铸等业均有，惟规模不大，仅供本地。而能销售出境者为酒油二种，约计每年输出酒额为十五万斤，油六万余斤，均销运于西宁及兰州各地。

商业：全县商店计二十余家，小商四十余家，资金最高者约三千元，低者在三百元上下。贸易情形，多为以有易无。销售方面，以永吉布、斜布、土布、砖茶、油、酒为大宗，输出物品有油、酒等项。

农产与经济：农产方面，如青稞、小麦、豆类等为主要产品，约计全年产青稞四万余石，小麦二万余石，豆类一万余石。次要产物，如山芋、大麦、胡麻、菜籽均盛产之，约计山芋每年产六千余石，大麦五百余石，胡麻二千余石，菜籽三千余石。至全年每亩田地产额价值，水地平均约五元，旱地三元余，脑田二元余。每年输出方面，以青稞为大宗（因青稞能制酒之故），全年输运省城者，约计六千余石，小麦四千余石，胡麻、菜籽榨油后，销售省城及兰州等处。农家播种时期，多在清明节后，在春分播种者，仅张家镇一地，收成期均在秋分后。农民借贷情形，分有限无限二种，有限者，即以农产物为息利，于生月借贷，秋收后本利交还，计每元利息为二升小麦；无限者，以原借品作利息，借洋之息为洋，借钱之息为钱，利率每月有二分或三分者，普通为二分半，年终时须交还利息。

地主与佃农：佃农如向地主租地时，须有素日深交感情，而地主对于佃户待遇，甚为苛刻。每年纳租情形，计分三种：一纳租金，每亩最高者为一元五角，中等者一元，低者六角之谱，多于秋后缴纳，如提前缴纳，当可减少十分之一或十分之五六；二纳租谷，每亩最高者五升，中等者三升，低者二升余；三分租，水地多均分，旱地均为四六分，即地主占四分，佃户占六分，脑田均为三七分，地主三分，佃户七分。

特产：五峰寺之煤，品质极劣，中含硫磺矿质，燃之有奇臭，而产额不少，每年仅六万余斤，开采亦甚困难。

民业：全县居民，农民约占十分之九，其他占十分之一。而农民方面，自耕农约占全农数百分之六十五，半自耕农占百分之十四，佃农约占百分之二十一。

宗教：除汉民信仰多神外，土民信奉佛教，每户送一人入寺院为僧，终身不娶妻，专心念经。回民遵奉穆教，惟信徒及穆教人数，较各县为少耳。

《新青海》第二卷第八期，1934年8月，第56—57页。

互助县朱尔沟的窑洞

/地 民

青海互助县城之西，有地名"朱尔沟夹山"者，田土肥饶，居民稠密，为我民族繁殖之地；但交通不便，人民与其他各地人甚少往来，以致人民极为守旧，似乎是这地方就为他们避世的安身所。朱尔沟为一条八十余里的长沟，有一股泉水凉凉昼夜不断地常流着。骡马行人，可以在这条常流着的泉水上渡来渡去的曲折着赶路。两旁是天然的白壤土，或红壤土的数十丈高的悬崖，它们是时遭变乱借以保种藏身的巢穴，就营造在这数十丈高的悬崖上。所以变成了守旧的思想，于是借其地势，自然形成了避难的安乐窝，既与外间少往来，故交通完全闭塞。这藏身的巢穴，俗名窑洞，仿佛秦世的避难所。我把其中的生活情形写出来，欲寻桃花源者，何妨请亲临其地玩赏玩赏，可惜绝少桃花，但杏花很多，可以以杏代桃。

一、地势与地形

一进小峡，沿湟水的北岸西行，约十数里，即至韵家口，有沙塘河流出。沿岸杏树最多，如在春天，即能看见杏花瓣随水漂流。渡河沿西岸行十数里，即有一小口，曰王家庄口，即"朱尔沟口"也。初极狭，渐进渐阔，阔至七沟八汊，九折十湾。这时你若当心，即能看见两旁的悬崖上如燕窠般的黑压压的一个一个、一湾一湾的洞口，隐现在半崖里，非有绳索或梯级的帮助，不能够攀登它，每一洞一湾都能够避敌人枪炮的攻击，亦能够互相防守。

二、土质与窑形

窑崖的土质有白壤土、红壤土、砂土三种，白壤土易营造而易倒塌，多为古日之旧洞；红壤土坚硬；砂土更坚硬，营造费力，不易倒塌，晚近所营造者多属之。

窑形有一口数穴者，有数口一穴者，穴道多弯曲，以便藏物、住人、烧饭、便溺之需，烟囱、风眼、梢眼、枪眼无所不备，其营造之妙，互有差异，难以尽书。亦有两层，或三层者，此入彼出，妙不可言，彷如新式的军舰然。

三、深浅及大小

窑深浅多不一律，叉数多而偏洞广者，多浅；叉数少而无偏洞者，多深。总而言之，每口洞之深度，总不下五丈，尚有深至十余丈者。

洞口甚小，人不能直立，可匍匐而进，约丈余，即能直立以行，虽六尺之躯，也不能碰其顶。阔有五尺，每一个窑，总能大过一百立方丈。每洞有能容百余人者，有能容数十人者，尚能藏该洞所住全人数的食粮一年，或半年，及其衣物和用具，能备水可需七日至十日。

四、防卫和养生的设备

此种窑洞是弱者的避难所，并非为角逐攻守的地，他们把食粮和用具都搬到洞里，老弱妇女、孺子都住在洞里，以避敌，猫犬也可带到洞里，惟牛马猪羊之类，另藏在人不易找见的洞里。敌人退了，就可放出来，人们也可出来耕田，以及其他所应做的工作。至于所用的水，在洞的附近都有泉，听得号炮一响，有敌人来的消息，即可运往洞中，收藏起来，以作数日的所需。其实每次敌人光临，至多住不上三日，因为一则在交通不便、危险万状的深山中，他们不能带来较多的食粮；二则外有备防的救兵，并且各村庄的团勇是互相联络的，可以连他们作战；三则他们的来，只能做杀人放火的工作，不能够抢东西，因为农人们的剩余的食粮，和比较宝贵的东西，都埋在地里，需要时才能掘出来用，他们是不容易找到的。所有的壮年人们，都编为团勇，在要隘处把守着。四面的山峰上，都有瞭望台，每日分派哨兵以窥其敌人的来路，以便放号炮报信，这是他们在作战时的设备，和养生的方法。

五、窑洞的变迁和改良

在清代光绪以前，都是"地洞"，营造在平地上的山根里，人畜财物都可以藏在里面，变乱时为保护物件的场所，敌人光临了，若抢不上物件，即可整军而返。光绪二十一年之变，因为有许多的洞，被匪用胡麻草加辣椒之类，薰开了许多，攻克的不少，所以地洞不能保守，就一变而放弃地洞，改营"高洞"了，保护物件的场所，亦变作避难所了。高洞营造在数十丈高的悬崖山壁上，牲畜和笨重的东西，即不能藏在其内了。到民国十八年的变，又惧其为炮弹和地雷的容易毁坏，将所有的土洞，多半放弃，改营为"砂洞"了。

六、数目与地域

朱尔沟包括鲍王堡、朱尔总堡、铁家堡、依山堡。合计起来，这几处地方，所有的窑洞，总共不下一千口，其他地方也有，不过没有像此地的多罢了。

七、窑洞的现在和将来

这些窑洞在平时虽然空闲，一旦有变乱发生，确实有益，又我听得常有人告诉我说：衙门里的差人委员们逼粮逼草逼着太紧的时候，他们无钱纳款，也可躲在里面避避；穷得没有屋子住时候，也可掘一个土洞，安安身；在夏天容易败坏的东西可收藏在里面，也容易保存；像这样的地方将来发生了国际的战争时，不但要作保存食粮的用，且能避免飞机的轰炸，躲藏民族的生命。

这些土窑洞在过去的价值很大，这个地方上人民特别秘密的原因，就在每次的变乱上，它特别的保存了他们生命的缘故。将来在国防上有无需要，有无价值，我不是军事家，无从考究，所以把它的过去情形写出来，以备注重国防者的研究。

按：

朱尔沟的窑洞，在保全地方生命和元气上，已往所得的效果真大。据实际情形言，其构筑上的方位和利用地形，因为民众们情急智生的情况下，草草作成，实少有军事眼光和经验上的人去指导。若平日构筑上加以军事上之配备，再加上防御战沟及交通战沟等，将所有的各洞联成一气，又在各山头设防及交通要口埋地雷或拒马。人事方面用保甲或团练的组织，指挥统一，行动一致，一定可以在变乱发生的不幸的时际，在朱尔沟一带，可以安居乐业的过生活，并可以协助官军灭诛匪徒。

地民君为有心人，能将该地之民众自卫之方法，明白供给本刊，殊为珍贵。又思及青海各地多山，历代变乱频兴，近年尤甚，一般民众为保全生命计，在无办法中想出的自卫方法，现尚有重要价值者不少。不过窑洞为最便利，因其既可保安全，又无流离失所之苦，贼来则匿，贼去则耕，又不至废失农耕之事，其在民族自卫之价值，至今仍形重要。吾人详加估计之后，认为此种简单、坚实之方法，有大加提倡之必要。青海各县乡区村镇靠山之地，有此三十六茅菴，七十二团瓢式之窑洞不少，希望关心自卫者详为记述，赐交本刊以资宣传统计。如能指导民众以合乎军事防御之构筑方法，则有利于人民生命安全，当较城郭尤为有益，而借此以实施坚壁清野，使匪徒自有坐以待毙，大有妙不可言者在焉。

《新青海》第五卷第六期，1937年6月，第27—30页。

青海门源之社会概况

司法：因县治初设，所有民刑诉讼，统由县长兼办，故司法机关及监狱之设，概行无有，人民诉讼时，尚行拜跪之礼。

差徭：该县因地广人稀（全县仅有二千余户），又地当往甘凉要道，差徭异常繁重。县属第四区，即土名八宝，均系番民，以距县城过远，每有抗款拒差情形。

商业：昔时贸易尚盛，自近年皮毛跌价，商场停顿，现在城市商店，仅四五家，颇形寂寥。

经济：以商业萧条，农产物低贱，经济颇为困难。借贷利率，年息三分者占其多数，间有至十分者，农民或有借谷者，利率同上。

农产：因地势较高，气候苦寒，地面虽广，可耕地极少。农产方面，只少数耐冷谷类，如青稞、菜籽、大麦、燕麦等而已，每亩产量，平均二斗之谱。现青稞每斗值洋七角，大麦每斗五角，菜籽每斗一元五角，燕麦每斗三角；此外，次要农产，如蚕豆、小麦、马铃薯，产额极少；副产物，如清油年产最巨，现每百斤值洋十五元。

畜牧：该县全境，大半均属草滩，故牧畜业颇盛，每户养羊数目，有达数万者，养数千只者比户皆然，约计全县畜羊百万余只，每年以羊毛为出产大宗，此外如牛马产数，亦不少。

特产：有鹿茸、麝香、蘑菇等项，鹿茸每架约值百余元，麝香每粒十元，蘑菇每斤一元左右。

民业：农民约占全县十分之四，畜牧者约占十分之五，其他约占十分之一。农民方面，自耕农约占十分之七，半耕农约占十分之二，佃农约占十分之一。每亩年产，由地主与佃农均分。

灾祲：该县今年以来，虽时有水、雹各灾，但较之其余各县，为害尚轻。

《新青海》第二卷第八期，1934年8月，第57—58页。

青海玉树之风尚

玉树位青海之南部，扼康藏之门户，居民多系藏族，以游牧为生，所有风俗习尚，均与内地有异，兹分述如下：

饮食起居：普通食料，以糌粑（系译音，俗谓炒面）、茶为主要食品，其次为小麦、青稞面等类，肉食类有牛羊肉，及酥油、牛奶皮、奶渣（俗称土尔麻）、酸奶子等，牛羊肉多煮熟而食，或风干用小刀割食之。饮料以茶为正宗，茶用大锅或锣锅煮之，至一定沸度，加以酥油及盐，盛木勺搅之，然后倾入于罐内。调食糌粑，糌粑以青稞、燕麦炒之，磨为粉末，置于木碗中，加以少许油茶，用食指调之，然后用手捏成拳形。除糌粑以外，主要之食品，即为麦面，以小磨磨成粉末，作成馍馍，如锅盔、锅圈子等类干食之。

至居住情形，分碉房、帐篷二种：碉房为方形，屋顶亦有平台形式，与洋楼相似，室内亦有雕刻、插画，简朴而美观，其中有一室必作佛堂，以供佛像，为嘛喇诵经之处，内筑一小塔，作焚化符录之所，旁竖一木行，上挂六字真言之番旗，人民之较富者，则另建一室，陈列各种经筒名为转经阁。嘛喇寺，喇嘛寺与碉房相同，较之普通住宅大数十倍，其最高组屋顶，架以金顶，铺以金瓦，金黄灿烂，辉耀数十里。帐篷多为牧畜人居住，因其生活无一定住址也，帐篷以牛毛织成，中撑一柱，四角及边缘用火铁钉插入土中，幕之中央为灶，男子恒宿于四角，幕内养数犬，以资守护。家中牛羊多至数千，少亦数百，以游牧为生活，常逐水草而居。如旅行黑夜，无处栖身，亦可入幕帐投宿，牧人亦不加拒绝，并妥为招待。

宗教信仰：玉树人民，均信佛教，共分为两大派，一为黄教，一为红教，大率皆信仰黄教。

衣服饰用：衣服系圆领大袖，腰系一长带，衣料用毛织，如氆氇褐子等类，其次则用布匹，多着无面羊皮袍，富者至冬日则着狐皮袍，以豹皮镶边，表示其特殊。衣料又有用绸缎者，色尚紫红二色，用库金镶边，紫铜作扣，腰束丝，或毛带，衣服则高于腰，将袖口长垂于下。帽子式样亦甚复杂，有冠欧式毡帽者，如尖锥形，高搁头顶，或用金边毡帽上绕一红头巾，秋冬严寒，则以狐皮横于额上，尾垂脑后，或带狐皮小帽，朱缎打边，红丝打结。身上附带之物甚多，如火镰、包、烟袋、小刀，皆系于腰际，怀中满放木碗、鼻烟壶及一切器用，又有大小银盒，中置佛像符咒，普通称为护身符，不啻至宝，悬于指上者为念珠一串。妇女衣服与男子相差无几，其袍亦与男子所着之袍相似，衣则稍加镶绫，腰束半裙。头部装饰极为注意，形式虽各地不同，大致相差无几，脑后垂大发辫，或许多小辫者，已嫁与未嫁之女，束发相同，已嫁发辫间有盘至顶上者。腰前悬小银链一牌，满系牙签挖耳及镊子，纽扣用银或用珊瑚制成，银手镯雕似细花，手指上戴珊瑚戒指，腰间羊毛所制之红带一条，宽约三四寸以上，各种饰物，皆为一般妇女装饰之用也。

婚葬仪式：玉树婚姻，凡千百户长等，尚有正式结婚者外，普通大众皆系野婚，盖男女少时，同牧于山野，相悦即可择配为偶，声请父母允许，以哈达聘礼后，择日成亲。至正式结婚礼节，新郎在结婚之前，家中特别扫除清洁，壁上悬挂各种佛像，前设小桌一行，上列酥油奶饼各种食物，两旁铺以皮垫为坐，上设新娘坐位，铺以白毯一条，中心用以小麦堆成"卍"字形花纹。新妇进门时，迎者匿于黑暗之处，趁新娘不觉时，大吼一声，随撒五谷一把，使新妇惊愕，以为可以将新妇带来之恶魔吓出，然后进屋拜家神父母。送亲者献哈达一条于新妇之前，一条悬于中柱之上，随致贺词，祝夫妇百年偕老、恩爱欢乐等吉庆词句，然后扶新娘坐于花纹坐位上，父母亲戚及迎送者，均按次坐下，先食长寿果一杯，次进麦粥一碗，于是各人皆用酒席。少顷女家推赔奁及哈达至，将女家履历门庭何等高贵叙述一番，意谓本不联婚，因天缘难逃，势非得已，然后勉励新郎数语，男家亲友互相应答。次日，男家亲戚请新人至，各家款以酒食，并唱歌跳舞以志庆贺，女家亦复引新妇回屋。俟数月后，男家复择期迎接新妇，一场婚礼始告完成。亦有结婚时，男家燃灯，高诵梵经，新妇驰马至夫家，入帐拜佛后，即联合家人亲友，高唱歌曲取乐，执役如常人，入夜与家人共宿一帐，晏如也。

玉树亦有招婿情形，如一家只生一女，而无其他弟兄者，则可为女接婿，一切礼节，与婆媳相同，无丝毫分别，婿至女家则管女家一切家务，至女家之财产，亦有管理及支配之权，对于岳父母有孝养之义务，即继承亦可得全部产业。除招婚外，其特殊者，即兄弟共妻是也，如一家有兄弟四五，必送一人或二人或二三人入寺当喇嘛，所余弟兄二三人，则共娶一妻，此种风俗在牧人及农人中特多。其同妻之原因不外二：一因伦理观念太重，谓弟兄共娶一妻，家中可永久和睦，弟兄不至分家，并可免妯娌纷争云；二因牧人及农人产业甚少，如兄弟分家后，财产不足供其需，生活亦不能维持解决，认为解决此问题之唯一办法，惟有弟兄共娶一妻，既可得兄弟之和睦，而家亦不致分散，娶后兄弟皆从事一职，自无风波之患，所生子女，则呼长者为大父，余以二父三父呼之。

《新青海》第二卷第九期，1934年9月，第51—53页。

青海玉树形势雄胜

  青海之南有地名玉树，当康藏青往来要冲，为玉树二十五族故地。民国十八年改县治，惟以交通不便，地方情形内地人士鲜有知其梗概者，兹将由玉树归客所谈，详志于后，藉供留心边地情势者之参考。

  交易情形：玉树因当康藏青要冲，虽地处边远，而当地工业，颇有日趋发展之势，且兼有用小机器者，出品坚固耐用。行商贸易虽无市街之设，然内地商人前往该地者为数颇多，惟因交通不便，货物运费过巨，其出售价值，有较内地高至四五倍者，多以羊为交易，金融以生银为多，日常通用者，系将四川角洋平分为二，作为货币单位，内地铜币，因不通用，故无流行。

  黄河水势：黄河上游，以在玉树境者，距星宿海甚近，其水深历年不过三四尺。今年因星宿海发潮，致水量增多，上游黄河水位亦骤形增高，波涛滚滚，深不可计，为空前所未有。凡载重之牛马，均不能渡，余等抵岸后，既无桥梁，又无渡船，孤立河畔，望洋兴叹，旋将牛皮袋数张，联成一筏，将行李搬置筏上，拴以长绳，人则乘马入水，花钱拖拽，人马在河仅露出头面而已。以是旅行者多裹足不前之因，自此西望星宿海的水天一色，古诗云"黄河之水天上来"，至此方知为写景妙句也。

  星宿海系广袤原野，小海如星罗棋布，故名水岛。游泳其间，异常活泼，风起云涌，碧光接天，此种大自然景象，殊堪徘徊留恋。过此西南行，越巴颜喀拉山至仗马滩，广袤数百里，一望无际，可垦良田数万顷。滩中河流交错，其干河曰玛楚河，沿河下行，有一石山，形极陡峻，山腰小道如羊肠，下临大河，厥状颇险。过巴颜喀拉山，迤北有精鼻险滩，地面甚广，但水含毒质，人畜不知，饮后往往毙命，由精鼻险滩东北行，有一滩曰醉马滩，遍生毒草，马食即醉，故名醉马滩，行此地者，不可不注意也云云。

《新青海》第三卷第二期，1935年2月，第46-47页。

西宁六大胜迹概况

西宁县政府于日前转奉蒙藏委员会，转内政部年鉴编纂委员会函，送青海省名胜古迹古物调查表一份，嘱其详为填查后，兹据该县府调查填报之名胜古迹如下：

绥远关：系宋崇宁二年所筑，在西宁县东二十五里之小峡口，南北山岩壁立，形势最为险要，湟水中贯，南北二关，南关现今毁去，北关至今尚存。光绪三年西宁办事大臣豫师捐建，关更名武定、德安，路左有左宗棠撰修南北二关碑记，南关曰武定，志兵威；北关曰德安，饬吏治也。

虎台：相传为南凉秃发乌孤所筑，在西宁县城西二里许之杨家寨，台高七八尺，年久颓圮，棱角亦颓废，有高墩四，四隅直立，相距各一百二十丈，高七八尺，俗名将台，实当时伟大建筑也。

土楼山：系清代所建，在西宁县北湟水北之北山，北有土楼崖，高三百尺，楼下建修神祠，雕墙故壁存焉，俗名北禅寺，《十三州志》谓西北亭，北有土楼神祠，北山烟雨为西宁八景之一。

凤凰山：系清代建筑，距城南约二里许，上有粉楼阁，可以远眺，俯视全域，宛如指掌，现今更为庄丽，俗称南禅寺，禅院有孔雀楼，相传构楼初成，有孔雀来楼，因之为名，凤台留云为西宁八景之一。

文笔峰：系清代命名，距西宁县五里许之南山，有峰超过诸山，峰端尖锐宛若笔颖。《西宁府志》载，文笔耸翠为西宁八景之一。

塔尔寺：其建立年代不可考，在城南五十里，建筑壮丽，有楼一座，瓦以金溜，故名金瓦寺，辉耀夺目，实为蒙藏人士，信仰所归之地。由该寺僧众，选出僧官为之管理，为青海最大寺院，昔黄教始祖宗喀巴产生之处云。

《新青海》第三卷第二期，1935年2月，第44—45页。

青海各县之风尚

一、西宁县之风尚

(一) 婚嫁

汉回订婚办法，大同小异，先由男家将女物色一定，即请托媒人送茶于女家，若女家允亲，则问女之生年月日时，归卜得吉后，又送茶包四封，女家报以红枣胡桃，婚乃确定。番土凭媒介绍，允许后即送酒一瓶，为定婚之礼，不问生克。汉民纳采以后，男家于女家索庚帖一张，惟番土则无。纳征时汉回均用布匹、首饰、镜帕、花粉等物为聘礼，番土用钱布、牛马、簪子、螺钿、手巾等物。选期手续，先由男家选定日期通知女家，再协同媒人与女家送以布匹，然后结婚，番土亦然。

汉民亲迎时，男家请男五人女一人，以抬骄或小车马匹往女家迎亲，先行告祖，继则宴会，新妇穿红衣戴银箔等首饰，以示新意，次日始穿便服，向来宾席前行礼。番土仅请少妇二人去迎，女家亦用二人相送，新妇骑快马驰骋到家，礼节简单，新妇归至男家门，犹在车端坐少许，新郎俟诸门外，展铺花毡，相携而入，经拜喜神酬祖先后，方合卺马。回民迎新妇至家时，须请阿訇念经，不祭鬼神。番土则新妇入门后，即诵经拜佛。汉民结婚后三日，新妇必拜认同族长辈后，夫妇同往岳父家会亲，回民亦然，番土则不如是。至结婚年龄，无论各民族，大概男以二十岁为准，女以十七八岁为准。

若男子失偶续娶时，先与物色之妇，立定条约，兼各种物品以为盟，旋请媒介二人，直到妇家评财礼，迎妇以归，仪式甲为草草，该人若再醮时，甚属自由，不受父母支配，而姑家只收聘礼，不备粉奁。招赘习惯，以男子贫不能娶，或女家父母以年老家贫，无人侍养时，举行之，不纳聘礼，凭媒人定年限，在妇家工作，非期限满，不能携妻另居，若岳父母年老家贫，承嗣者有之，送终归宗者亦有之。番土招赘，只逾夜相从即定，至一夫多妻制，汉回十居二三，番土则无之。此外番土女子，如年已及笄，尚无夫家时，必改佩辫套，名曰天头，行动自由。

（二）丧葬

死人于圹时，必先加殓衣，待脉搏停绝后，口中含以银玉珊瑚等物，设灵床于堂，置尸于其上，焚楮而奠焉。回民殁后，用水洗净尸体，裹以白布，不用衣冠。入殓手续，汉民必卜择吉入殓；回民将尸洗净后，盛布袋中，始置清真寺内，请阿訇念经，旋即始送殡葬；番土如人殁后，将尸束为坐像，作木龛盛之，请活佛及僧人念经毕，送之空地用火焚化，三日后拣骨盛木匣中，择清地埋之。成服礼节与丧服等，汉民均守古礼，与各省同，番回则无孝服之制度。汉民开吊之时，门外置一木牌，如屏风状，面贴讣文，亲朋送以丧帖，汉民吊奠时，吊者必献以食，或赠楮铂、柔毛、刚鬣等物，丧家奏乐迎送，拜供蔬食；回民开吊，即送谷而已。发引时，汉民有堂祭门祭之礼，扛棺者十二人或十六人不等，奏乐扬幡，吊者簇拥第而出；回民于死人隔三日或即日将尸停诸木匣中，以八人抬出，禁止号泣；番民仪式，极为简陋。安葬时，汉民先祭神，嗣祭窀穸，然后将枢置诸穴中，植以杏枝而殖封焉；回民则于穴底，旁掘一穴，将尸下入其中，葬毕不焚纸钱；番土则有水、天、火、土葬之分。

（三）服饰

汉民于夏秋时，半着褐服，冬时以老羊裘蔽体。回民亦然，惟头戴布帽无顶，妇女常顶盖头，少妇出门，必以绿纱罩面。番民常服短皮衣，常用腰带，系有小刀、火镰、鼻烟壶，足穿牛皮鞋，并有佩刀、高尖帽、胸缠念珠等，番妇有辫套，上镶银品宝石。土民服饰与汉民同。

（四）饮食嗜好

汉回爱食面饭，每餐必佐以菜。番土喜食牛羊肉、炒面、酥油等，饮料以牛乳、茯茶为珍品。汉、土、番均嗜烟酒，回民反是。其嗜好如驰马、放鹰、畜鸽、养鸟，汉、回、番皆然，尤以汉、回民为甚。

（五）信仰

本县因民族复杂，奉教各异，番土信佛教，凡教数子者，必送其一于寺院为僧。汉民则信奉多神，有卜筮、抽签、算命、风鉴、驱邪、超亡以及祈福禳灾等现象，比户皆然，近年稍为开通；又有信奉天主、福音各教者，人数亦不少。回民在各乡，均有清真寺，每日群集礼拜五次，以念、礼、斋、课、朝五大端为宗旨，每次必须沐浴，不敢稍懈。

（六）讼争械斗

本县人民，素称良懦，于人争衡，不喜奔诉公庭。自民国十六年以后，地方法院成立，人民脑海中，具有民事不受刑之印象，于是雀争鼠斗，飞短流长，渐成好讼之风。至于械斗方面，汉民每有忿争，只以口辩，或徒手相搏，用器械者甚少；回民勇悍，常有以白梃从事者；至于土番，一遇横逆，即拔刀相斫，不顾一切。

二、乐都县之风尚

（一）婚姻

请媒介绍，纳币送聘之礼，汉回大致相似。惟亲迎时，稍有不同耳，汉民对于亲迎，则请亲友数人，于夜间往女家乘马迎亲；回教则男家亲友数人，偕新郎披红自往女家迎亲；至于番土民对于婚姻，明媒正娶者，实居少数，皆自相配偶，有女年及笄无夫而挽辫者，名曰天头，谓其配于天也，所生子女，知母而不知有父。

（二）丧葬

汉民对于丧葬，用衣衾棺木，择日殡殓，用椁者最少，邀僧道诵经忏悔，焚纸帛致祭。回族对于殡殓，不用衣棺，只用白布袋，束而葬之，请阿訇诵经。番土民对于丧葬，将亡人盛坐于木龛，异诸旷野用干柴焚化。

（三）服饰

男子服饰，长衫或长袍，上罩长袖马褂。番土民多以皮袄褐衫，如小康之家，亦有以布袍，或袖袍者。丧服，汉民则用白襤麻冠素服；回番土民，则仍着常服，并不带孝。

（四）生活

丰稔年间，各族人民，素尚朴实，生活程度，尚称小康。近数十年来，饥馑之余，民生凋敝，遭于极点，上年乐都人民，饿毙者数千人，元气大伤，满目疮痍。嗜好，汉民多有吸食烟酒者，因之体弱颓败者居其多数；番土许多有嗜好酒者；惟回民无嗜好，故身体健壮。

（五）饮食居处

番土民多以炒面、酥油、牛羊肉、奶茶为饮食之要，居处与各县相同。

三、循化县之风尚

（一）婚姻丧葬

循化县凡婚丧礼节，遵照古礼举行外。番民婚礼，令媒求婚，若女家应允，媒即复命，复持男家酒一瓶赴送女家，奉敬女家父母及家族等；面订婚事，不立婚书；出嫁时，始议财礼，均以牛马羊只等作抵；送清后，选日娶回，始成夫妇。回民婚礼，与番民大概相同，惟女家应允时，即在女家请伊之亲戚等，以面与油和成，熟后盛于盘遍食，谓之油交团，食此则婚定矣，而媒人以其余，复命男家，以作订婚之表示。如汉民之婚书，亦议财礼，或即交现洋，或以牛羊作抵，以贫富为标准，临娶时又送红料一对，请阿訇诵经，并由新人至女家亲迎，婚礼始成。

番民丧礼，家中不论老幼，将临终之时，用绳捆拴，放在避争之处，气绝后，请活佛暨喇嘛等，诵经二三日不等，经毕，送到山中，弃于地上，任飞鸟残食，谓之天葬；嗣后如遇亡人生日等纪念日，请僧诵经，以为超度。回民丧礼，人将死时，请阿訇念套白经，死后亦不择日，又不择地，以三日为度；送葬时，用水将死尸净洗，盛以白布囊，掘墓安葬；嗣后若遇亡人生日或死日，请阿訇念经，与番民相同。

（二）服饰

汉民服饰多用市布材料，惟散民多用麻布褐布，番民尽用羊毛毡等类。

（三）生活

人民多数番撒，城内汉民，数百家前清六营时，多以食粮充兵为生。民国成立，颁令取消六营后，或出外司事，或入伍当兵。至番撒人民，多以耕耘为生，兼务游牧，其嗜好为枪刀马匹，平日稍暇时，或乘马，或试枪，以资比赛，近年来此风稍缓。

（四）饮食居处

汉民饮食多以小麦为主体；至番撒人民，除麦豆而外，并喜炒面，或牛羊肉为日食品。至住处方面，远番尽系帐房，逐水草而居；近番即汉回人民，均系土房。

四、贵德县之风尚

（一）婚葬

男女联姻，仍遵古礼，惟招赘之风甚行，聘礼用银二三十两，色布十数匹，妆奁则长短棉衣、夹衣、洋绸及布衣服七八件，多不过十五六件，首饰数件，均用银无用金者，亲友往来送礼，亦皆崇俭，受礼者筵客以羊肉为主，非至豪富，无以海珍为席者。庆祝交际，大略与他县普通之习等同。番民男女联婚，亦有聘礼，以马牛为聘，贵者十余匹，下者亦二三匹，最下者亦一马双羊；然番有女往往不嫁，赘婿于家，感情一绝，别寻夫主，赘婿虽知之，而亦佯为不知，且其名义犹属子婿而已。更有一种奇风异俗，如女年及笄，或向树而拜，或抱畜而拜（如鸡犬之类），谓之拜空头，如内地之拜天地，拜过空头之后，即冠戴，空头如已嫁然，则人尽夫也，其父母不管，故自由恋爱，社交公开。番俗又好歌好酒，凡过佛会，或欢聚时，男女互唱番歌，跳舞豪饮为欢。又其人死，即负弃于山野，令雀鸟食之，又或穴燃尸体，无棺殓埋葬之风。丧葬尚俭，殓埋从速，无久停枢、相地各情事。

（二）服饰

行政机关学校等，均武装或便服；居城及附近男子，衣尚长袍；乡间多短衣者，女子则尚纯着长衣，顶白手帕，无论城乡，率皆一律。其衣料以布为之，绸缎甚少，惟无缠足之陋习，首饰有耳坠、簪子，均系银质，重者不过一两。番服尚红色，下多纵缝，亦有着长服者，领大而宽，而原料必番织之毛褐氆氇，用内地衣料者如斜布等，特极少耳，至冬则完全着羊皮衣，然亦有贵贱之别，贵者加面，贱者不加面。女子概长衣与男同，男女皆履皮靴，女天足，头梳发辫数十，总装于背后，用布制辫套。番贵族首饰，多用珊瑚、琥珀、玛瑙、蜜蜡之属，普通亦用海螺，项下常挂符箧，铸以银作方形，刻花痕，重者十余两，男女皆然。

（三）饮食居处

食料，汉民以麦面为主，间有以青稞磨炒面者，番民则以羊肉酥酪，及青稞炒面为主，或猎取野马牛羊雉兔及它兽类等食之，而衣其皮，或以之售于市，若麦面则食之者极少。人民有病，多求神佑，不讲卫生，有数年不沐浴者，此习番民尤甚。汉民住房屋，番民住帐房。

五、湟源县之风尚

（一）婚姻丧葬

男女婚嫁，年在十五六岁，即为婚嫁之期，先由媒人撮合后，女家许婚，开写各样布匹礼单，送至男家，照单开购买齐备，择吉送去女家，是日盛馔以待，与男家书给庚帖，以为婚定之证。至结婚之期，男家备办盛筵，邀请亲朋，择时前往迎娶，或车或马，娶回拜堂入洞房。第二日晚，行铺床礼，亲友等作闹床之戏，次日男家设筵，女家送妆奁，所有女家亲友，无不参加，翌日娘家人恭喜，人数约二十余席。六日后，新妇下厨，料理食品羹汤，以酬办理婚事之亲友。十日后，新郎夫妇往女家拜礼，名曰认门，至此婚事，始告厥成焉。

凡遇人死，三日后，门前悬丧牌，如插屏然，请道士诵经、斋醮，子孙披麻挂孝，跪灵前哭泣，亲友送礼吊唁，五日择吉送殡。安葬后，孝子每日往坟，以牛羊粪煨之墓前，不令火熄，百日为止。至此一往，除三年内，每周年特别祭祀外，每年扫墓之礼，永久不替。查湟源民淳朴，一遇庆吊，视为重要之礼，有喜则贺，丧则吊，有疾趋问，亲友睦邻之义，友助扶持之风。

（二）服饰

城关居民所服皆以细斜纹布、毛丝布等为之，以国货为最普通，其劣货均不购买，乡民皆衣褐，以羊毛为织褐之原料，近数年来日趋文明，亦间有服布者。

（三）生活

湟邑地居边徼，地瘠民贫，每年全恃番地皮毛入出量数，定市面之盈绌。自近年外侮侵凌，皮毛停销，市面萧条，金融亦极涩滞，加之连年欠收，十室九空，商困于市，农困于野，生活几有不能维持之现象。湟人性嗜酒肉，凡遇庆贺，以及寻常往来，皆以酒为第一致敬品，而食则以羊肉为盛馔。盖以湟邑与番地接壤，人民半多出口贸易，番民亦杂居，故染番习，县境习惯，颇尚番性，所谓手抓羊肉，以大盘盛大块，在座共餐，虽无他菜佐膳，只此酒肉，举饮欣然有专色。

（四）饮食居处

湟邑产麦极少，皆以青稞、燕麦为大宗，食品较之他处，粗粝不堪，若遇佳节，各户则手抓羊肉或炒菜数品。至秋间，各家均食羊肉，盖以此时之羊，茁壮肥美，故居民家家食之。至饮料，则以牛乳调茶，另加青盐少许，用罐煨滚，尤所嗜饮，比户皆然。其居处均系平房，上盖以土、泥之，湟邑地高气寒，除庙宇外，概无瓦舍，城关居民，尚称清洁。而乡间则多畜马牛羊，以作农家副业，虽稍觉污秽，然药肥料之取给及畜力之利用，大有舍不得之概，若讲求卫年，免遭疫疾事实上碍难办到。

六、同仁县之风尚

（一）婚姻

先请媒妁作伐，聘定后，择日迎娶，汉回男女，十七八岁成婚，男女两家设筵酬客，汉回相同。番民聘娶少而招赘多，男女年貌不甚相当，强半男大于女，成婚时预备酒肉款待亲朋，极其简单，不如汉回之丰盛。

（二）丧礼

汉民若父母物故，三日承殓，或三日、七日出葬，有请礼生祭奠者，有请僧道超度者。回民父母死后，以水洗身，不用棺木，只用白布囊盛尸，三日出殡，请阿訇念经，丧家将亡人新旧衣服，抬送外家及阿訇，又以钱财发散来宾，惟念经人所得略多。番民丧礼，无论男女老幼殁后一日，抬往旷野地方，置尸于土台，常堆垒木柴，亲朋各执油瓶柏香，齐集一居，柏香加于柴中，清油烧于尸上，以火燃之，俟骨肉焚化而散。

（三）服饰

男女多穿皮衣，惟盛暑穿布衣，女人头发擦酥油，梳辫以一布袋（长于衣齐、宽四寸）装入，拴银碗七个，两鬓挂火耳环一双，珊瑚两串。

（四）饮食居处

汉回人民，俱系客籍，小小营生，日谋升合，均尚勤俭。惟番民男子不下苦工，春耕夏耘秋获，多由女人操作。每日三餐，阖家团坐灶房火坑沿边，炒面茶馍，宿连锅土坑，宽有土房三四间。帐房亦是女人下苦，将牛毛帐房，撑于避水之地，离地尺余，四周内堆放食粮各东西，起灶处，天棚揭开。女人最勤苦，每早起洗脸，挤牛奶一次。早饭后，将牛粪搏成方块，晒干积蓄，以作燃料，打酥油，捻毛线织毛褐，上午自来挤奶一次，日落时又挤一次。门内左右，晚间拴牛犊，门前左右极宽，栽木杆，系皮绳，以为拴牛之需，华围编笆篱者，有栽木棚者。至嗜好方面，男子嗜好饮酒骑马，负枪佩刀。夜间老幼宿帐中，壮者帐外，守畜露宿，雨中覆一大毡袄，经宿淋雨不透，雪中覆一大皮袄，积雪盈尺一抖自落云。

七、化隆县之风尚

（一）婚姻

汉回两族，依旧采用问名纳征纳采请期诸古礼。番撒两族，特喜招赘，纳采多系牛羊，仪礼简慢，殊不足道，所异者女子有财产承继权耳。如女子标梅逾吉，尚未配有夫婿，则对天冠笄，以示已嫁，此后恋爱，一听其自由，从无哂噱者。

（二）丧葬

汉族沿用五服制，闻吊、诵经、引柩、执绋，在青海方面，几同一律。回族撒族，对于死者不施衣棺，仅以白布束其体，西向葬埋，所遗家资，由族人出其强半，舍施与人，周济贫穷。番族以念经为丧礼，亦有与各寺布施银钱，永为死者忏悔，冀免罪戾于冥冥之中。葬有火葬水葬之别。

（三）服饰

因陋就简，惟番族女子发辫长垂，缀以辫套，嵌宝石铜镜于其上，以为装饰之具。

（四）生活

汉回恃农，番撒渐由游牧生活，现已进于耕稼矣。番民均嗜念经礼佛，驰马逐猎。

（五）饮食居处

饮料以茶乳为主，亦喜食炒面酥油。境内无论汉回番撒，均住土房；惟番撒所居，更形简陋。

八、大通县之风尚

（一）婚姻

本县因人民复杂，所以结婚礼节不一致。汉人完婚时，婆家先一日预备马车，到新娘家去，新娘穿上红衣挽着发髻，送到婆家和新郎一同进门，交饮杯酒，成立夫妇。番人土人，完婚时婆家请诸亲朋骑马迎接新娘，两方相逢，这边新娘便纵马夺抢婆家帽子，以作饮宴的礼；并且饮宴时，新郎新娘会同亲朋，在院中跳舞唱歌以表示他们完婚之乐，这是仿照蒙人的礼节。至于结婚的年龄，回族比较早一点，他们女子，长到十三岁，就可以结婚；汉番女子，非至十五以上，是不能结婚的。

（二）丧葬

有火、水、土、天葬。

（三）服饰

本县出产羊皮，穿皮衣者颇多，但各族男人，服装大致相同。惟女人在服装上，各有分别，如回族女人，爱穿红绿衣服；番族女人爱带银牌；土人女子爱穿大袖衣服，袖口上镶红黄蓝白等杂色布条；汉人女子服装最净，亦较时髦，多爱淡装。

（四）生活职业

人民的性质，多属温柔而忠实，惟回民多系刚强勇敢，因各族性质的不同，所以职业也不一样。汉人土人多爱在家务农，不愿出外做事；而回人在家务农者很少，有的在阿尔泰山一带挖金子，有的在别处做小生意，有吃苦受劳的习惯。

九、门源县之风尚

（一）婚葬

汉族婚姻，多系父母定之，着重六礼，与内地相同。回族婚姻，与汉族彷佛，但结婚时必需阿訇念经。番族婚姻，多用自由恋爱，女年二十以后未有夫婚，亦须挽发，俗谓戴天头。

汉族人死后，请道士念经，用棺盛敛葬埋。回族不用棺木，入寺洗身后用白布缠裹埋葬。番族用火葬、水葬、天葬等别。

（二）服饰

汉族回族服饰与内地相同，妇人多挽高髻。番民则冬夏皆穿皮衣，妇女背堕长辫，盛以锦套，上缀银质图形之质，镶以珊瑚宝石之类，富者动以百计。

（三）生活

汉回民生活大致相同，番民甚为简陋，不论汉番族，多好骑马，闲嗜狩猎。

（四）饮食居处

食粮以青稞为大宗，间有食麦面者，此外尚有乳饼酥油，境内居民多酿酒食之。汉回土人民皆有房屋，番民多用韦鞲毳幕以御风雨。

十、民和县之风尚

（一）婚姻

议婚之际，大都先访问门庭，请媒定聘，选吉迎亲，汉土无异，惟回族稍有不同，至于番族赘婿之风甚兴，未许人者，则对丕木、牲畜冠笄，或对天地冠笄。

（二）丧葬

汉土族用棺椁衣衾，寻吉地，择良辰，诵经道场种种冗俗。回族则否，丧不出三日，亦不择时日，敛尸不用棺椁衣衾，而以白色布，或锦帛缝囊盛之入土。番族人死，则举而委之于山巅，俟飞禽食之，或以火焚之。

（三）服饰

夏则穿单衫，春秋则夹棉袍、马褂，逢冬则皮袄外套等甚为朴素，男子大概如是，惟女服稍为妆饰，并有首饰。回族妇女有盖头一事，余相似。惟三川土人之妇，无论贫富老少，上则穿短衣，下则纬裙，有红棕青三色，以别老少，首饰之耳环特大，直径约二寸许，重三钱余。

（四）生活

民和地处边陲，人民忠厚朴实，皆以农为本，生活维艰，无特别嗜好，饮食居处与各县同。

十一、互助县之风尚

（一）婚姻

汉土番回行聘嫁娶与各县大约相同。

（二）丧葬

汉民为土葬，人没后，诵经祭奠，衣衾棺椁而土葬之。番土民请喇嘛念经超度毕，用柴火焚化其尸，名曰火葬。而番族之中，亦有弃尸于高山荒坡之间，使飞禽啄而食之者，谓之天葬。

（三）服饰用品

则布褐洋斜，长袍短褂。用品则无甚奇巧之物，铜铁器具而外，大半皆系瓦缶而已。

（四）生活嗜好

本县人民，性质大半质朴，业农者，居其多数。间有为士为商为工者，不过少数，故生活仅靠耕凿。嗜好只有烟酒。

（五）饮食

则麦豆青稞各面而外，杂以肉食蔬菜。

（六）居处

亦朴素土房，与各地无殊。

十二、共和县之风尚

（一）服饰

汉回颇似内地，蒙番均着长大领之皮袄，偏袒露臂，头戴尖顶帽，足穿皮靴，腰束大带，并佩大刀或小刀，老人腰间不佩刀耳，头发散披，每五六茎一结辫，装于红黄布袋内，名为辫套，垂于背后。

（二）婚姻

各族相同，纯系自由配合，并无内地所谓三媒六证说。未结婚以前，经自由恋爱，双方同意后，始各通知其父母，定婚期送财礼，届期成亲；财礼一层，多为马羊畜之类，与内地送金钱布帛者不同。又特别者，例如某一女子，年已及笄，尚无良偶者，其父母必使之向天膜拜祈祷，任伊女自由择配。

（三）丧葬

有天水火土等葬之别。天葬即将死人抬送荒野，任鹰鸟啄食。火藏即将死人扛至郊外，用火材化后，收捡骨灰，用布包之置于小土墩内，永远纪念，此俗多由佛、千百户、王公行之。土葬与内地无殊。水葬将死人抛弃水中，任鱼鳖吞食。惟无论何种葬法，在丧期内必邀喇嘛在家诵经超度，期满除凶换吉云。

十三、都兰县之风尚

（一）婚姻

婚姻多属自由，女子不愿者，父母无强迫之事，离婚事常有，率多以女人之是否情愿为依归。惟蒙民女人，发生离婚者稍少，其定婚之时，蒙民大率得女子许可之后，即请媒人以手帕、酒为定礼，其送礼以银，至富者不过四五十两。番民送礼，则反是，一得女子许可之后，即请媒人以手帕、酒为定礼，其送礼亦为银，至富者必达六百两，亦有至千余两者，此项财礼，待女人娶到婿家之后。次日，娘家始行接受，与女子同携归，过一月后，始允女子归婚家。凡招赘者，不在此限，其财礼银数均以牛马羊匹，估价作抵。

（二）丧葬

人死之后将尸体抛掷山谷中，令禽兽食之，名曰天葬，以禽兽快食尽者为得道。凡为人子者，反戴帽子，即表示穿孝挂白之意，丧葬风俗，蒙番同行。

（三）服饰

冬夏均穿大领皮袄，男子有穿裤者，亦有不穿裤者，喇嘛以银、玛瑙、琥珀等物置于胸前或背后，为装饰品，惟男女所戴之尖顶帽略同。

（四）生活

蒙藏人民以游牧为生活，性嗜酒，好吸黄烟与鼻烟。

（五）饮食居处

羶肉酪浆，以充饥渴，居住帐房，以御风雨。蒙民所居帐房系圆形，名蒙古包，以毡为之。藏民居住帐房，四方形，以黑牛毛所制褐布为之。

《新青海》第一卷第十一期，1933年11月，第50-59页。

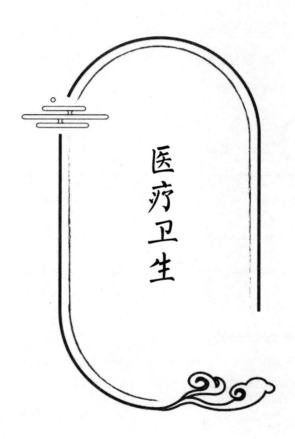

医疗卫生

青海三年来疾病蔓延情形

本省卫生设施，自民国十八年改建行省，即有中山医院之设立，惟在初次成立时，因社会人民对于西医尚无相当认识，故该院曾经一度之衰败，殊无若何成绩表现于社会。嗣于民国二十年省府为整顿该院，使之日有起色，特由兰聘请甘肃中山医院院长谢刚杰来掌管该院，自此院务日渐生色。据该院统计，每月诊病人数多达四千余人，此非患病人数，每月俱增，实为社会人民对西医认识者日渐加多故也。记者以该院自谢院长主持以来，已达三年，在此三年之中，对于本省一般疾病情况，当体察明晰，昨特往访，叩询一切，当蒙谢谈如次：

本人于初长本院，本拟扩充内部设备，嗣以青海财政困难，除将各科内部就财力之所能，略事扩充外，其他各项设施，因限于财力，未克如愿以偿。去年夏季内政部视察员张乃恭来青询及地方卫生之策划，当即征诸以往经验所得，曾建议以后应设下列五项卫生实施，一防疫处；二疫苗制所；三助产妇训练所；四巡回医生团；五护士训练班。有以上五项设施，方能顾及防止各县地方及人畜各种疾病之蔓延，免去医院只限于省会一处之缺憾，并对于五项设施，曾有详密之预算与计划，此项计划如果行之日久，成效自可显著，既可解决地方病与流行病之滋蔓，兼可广事宣传，消患于无形也。去年宋委员长及经委会卫生顾问司丹巴博士，来青向本人详询，对于青省卫生实施意见，本人又将去年向内部建议五项办法，分别陈述，但何时能具体实现，此刻尚难预料。

至此地疾病，经本人历年诊疗所得经验，第一，各种时季流行之传染病，此种病症传染极易，亟易防治。第二，普通而稍带地方性者，在内科方面，以肠寄虫为最盛，蛔虫、条虫之寄生者，几于每日医院门诊病人屡见之，去年某病人腹中，曾发现二丈长之条虫，本年又发现一丈长之条虫，次如普通盲肠炎亦甚多，而甲状腺病是腺肿病，又时常可以遇到，此为本省地方病之特别者。第三，花柳科之梅毒，患者其数特多；第四，为眼科中之沙眼病更为多见。第五，产科之褥热，初生儿之破伤风，产妇婴儿往往因为牺牲其生命者，其数目虽无详确之统计，但其死亡甚众，可以断言。第六，传染惨烈之麻风病，亦为本省地方病之急需防治者。

以上六种仅在省垣一城所发生，其情形已足惊人，若就全省各地详为考察，则病疾种类之多，并不止此。此中原因，半由人民卫生知识缺乏，莫由防止疾病之侵袭；半由公共卫生设施之过于简单，遂予疾病以蔓延之机会。吾辈治疗者，只能治病于已然，虽倍其力，而难遏止其萌芽。至如何作精密之考察研究，如何防止疾病之蔓延，如何宣传卫生知识于人民，如何进行各种健康工作，须有一根本之策划与努力，方能消患于无形。所幸中央在青设立卫生实验处，及后本省卫生设施当可开一新局面，吾人可拭目以待其成云。

《新青海》第三卷第二期，1935年2月，第45-46页。

西宁市医药界之概观

省新生活运动会调查股调查员李国钧，奉令调查本市医院药坊开设地点、经理姓名、资本数目、组织概况及营业情形后，兹悉现已调查完竣，特将其调查情况，探录如下：

中山医院——院长谢慈舟，内分司务、医务两部，设正副院长各一人，科长一人，主任一人，司药长一人，护士十二人，旨在救济贫民，内部人员均皆和平，地址北大街，有西医士五人（张十愚、谢慈舟、张仲毅、金学道、星天光），其中设置完备，卫生亦佳。

复生玉药铺——设北大街，经理张丰年，内有伙计二名，资本为四百元，对客冷淡，对卫生多不讲求，药料亦多不佳。

兆泰丰药铺——设北大街，经理汪秋舫，内有先生二人、伙计三人，营业平常，资本六百元，炮制药料平常，惟卫生尚佳。

怀德堂——设北街，经理孙子甲，内先生二人、伙计四人，营业颇有兴旺气象，人皆和平，资本五百元，炮制药料得法，卫生亦佳。

宝元兴药铺——设中山东街，经理张万选，内先生二人、伙计七人，营业颇佳，人皆和平，资本五百元，药料新鲜，惟卫生稍欠讲究。

魁泰兴药铺——设中山东街，经理王世岳，内伙计四人，出售中西药品，资本为六百元，药料尚佳，对客稍欠和气。

复泰堂——设中山大街，经理陈耿光，内先生二人、伙计四人，营业平常，资本为八百元，炮制药料尚佳，卫生不甚讲究。

仁寿药房——设中山东街，经理刘宗让，内先生二人、伙计五人，营业平常，资本一千二百元，药料尚佳，对客欠和蔼。

德兴涌药铺——设南大街，经理郊继祖，内先生一人，营业平常，资本为四百元，药料不佳，卫生稍差。

集成兴药铺——设中山东街，经理吴耀章，内伙计三人，营业兴盛，人皆傲慢，资本为六百元，炮制药料尚佳，卫生不佳。

永升隆药铺——设大什字，经理朱永升，内先生二人、伙计五人，营业平常，资本为四百元，炮制药料尚佳，内部卫生及对待顾客均各不善。

恭信益药行——设中山东街，经理师松山，内伙计四人，系将药品批发本市各药铺，资本为三百元，药料甚善，卫生亦佳，人尚谦和。

春德堂药铺——设新街，经理车文明，内伙计九人，营业兴隆，惟人皆傲慢，铺内亦不洁净，资本五百元，药料尚佳。

海仙医院——设新街，经理铁建斗，内设看护士二人，规模狭小，营业亦平常，每病人收挂号一毛或铜子二十枚，资本为五百五十元。于民国二十年八月二十八日领有营业执照，有西医士铁建斗、刘季龄二人，均有医学毕业证书，设备欠完善，卫生尚佳。

德寿永药铺——设新街，经理宋子菴，内先生一人、伙计二人，营业平滞，资本八百元，药料不良，卫生尚佳。

隆兴堂药坊——设中山西街，经理郊仪堂，内伙计八人，营业兴旺，资本为六百元，炮制药料得法，卫生欠佳，人尚和平。

谦益德药铺——设中山西街，经理石成瑞，内伙计二人，营业败落，资本为四百元，药料卫生均各不佳。

长春和药铺——设中山西街，经理桑荣，内伙计三，营业腐败，资本三百元，人尚谦和，而药料卫生均不良。

延寿堂药铺——设大什字南街，经理杨永清，内伙计三人，人尚谦和，资本为五百元，药料尚佳，卫生不洁。

万春堂药铺——设同仁西街，经理吴子屏，内先生一人、伙计四人，营业平常，资本为四百元，药料不佳，卫生尚可，对顾客和平。

长生源药铺——设同仁西街，经理巨光源，内伙计二人，营业腐败，资本为五百元，药料、对顾客均不良，惟卫生尚佳。

德原成药铺——设同仁西街，经理贾德福，内伙计四人，营业毫无振作，资本为五百元，药料不佳，卫生不讲。

太和堂药铺——设同仁西街，经理任女氏，内伙计三人，近因事关门，资本五百元。

信义通药铺——设同仁西街，经理曹维恩，内先生一人、伙计五人，营业兴隆，资本二千元，炮制药料尚佳，卫生亦属讲究。

福生德药铺——设同仁东街，经理李添福，内伙计二人，营业平常，资本五百元，药料平常，对客及卫生尚佳。

新泰元药铺——设同仁东街，经理李函章，伙计二人，营业腐败，资本三百元，药料及卫生，均不佳。

贫民医院——设观门街，院长石殿峰，并设副院长一人、主任三人、办事员三人，旨在救济贫民，资本三千五百元，内有中医士宋子菴一人，院内组织良善，卫生亦佳。

青海大药房——设中山东街，经理李静波，设营业、疗诊两部，规模宏大，资本一千五百元，内有西医士张子愚、谢慈舟、李静波三人，药料具备，且极新鲜，对医和平，卫生甚好。

复康诊疗所——设中山东街，所长马锡麟，内护士二人，诊内、外两科，救济贫民，资本五百元。于民国二十三年八月十六日领有营业执照，有西医士马炳墍一人，药料甚完全，卫生甚佳。

普济诊疗所——设中山西街，所长兼西医士王彦文，内看护士一人，诊治各种症杂，每病人收取挂号费铜圆二十枚，赤贫免费，资本五百元。于民国十九年八月十二日领有营业执照，药料尚佳，卫生稍差。

以上除海仙医院、复康诊疗所、普济诊疗所三处，其余各院铺，均未领有营业执照云。

《新青海》第三卷第三期，1935年3月，第47—49页。

青海省卫生实验处
民国二十五年一二月份工作报告

附属医院门诊工作民国二十五年一月份报告一

类别	时间	本月	上月
施诊类别	门诊次数	24	26
	出诊次数	65	68
	时诊次数	87	94
就诊类别	初诊人数	（男）541	（男）785
	一	（女）303	（女）347
	合计	844	1132
	就诊次数	（男）788	（男）993
	一	（女）431	（女）466
	合计	1219	1459
卫生教育	演讲次数	一	一
	演讲人数	一	一
	谈话次数	635	523
	谈话人数	1036	1199
	候诊教育次数	7	6
	候诊教育人数	360	378
其他	赠送卫生刊物件数	一	一

备考:新年遵令放假三日,惟为病人便利起见停诊二日,一、三号放假以示庆祝,二号照常应诊

附属医院门诊工作民国二十五年一月份报告二

科室类别	类别	本月	上月
内科	天花	—	—
	白喉	1	—
	猩红热	—	—
	霍乱	—	—
	伤寒	1	—
	赤痢	—	1
	其他肠胃病	158	313
	肺结核	—	—
	其他结核	—	10
	呼吸系病	164	294
	心肾病	16	19
	疟疾	—	—
	其他寄生虫病	48	67
	麻醉品瘾	—	—
	其他	169	241
外科	外伤及脓溃	679	481
	恶则肿瘤	—	3
	其他	23	32
妇产科	妇科	30	32
	产科	2	21
花柳科	梅毒	283	419
	其他	30	69
皮肤科	疥疮	48	39
	其他	204	254

续表

科室类别	类别	本月	上月
眼科	沙眼	72	26
	其他	104	148
耳鼻喉科	扁桃腺炎	38	74
	其他	97	48
牙科	龋齿	8	8
	其他	61	55
病案合计		2236	2669

附属医院门诊工作民国二十五年一月份报告三

医务	类别	本月	上月
始疗	发药	1280	1857
	包扎	1316	1536
	治眼	114	237
	注射	211	356
	手术	64	95
	其他	1356	1610
	总计	4341	5691
预防检查	体格	3	—
	牙齿	—	—
	产前	—	—
	产后	—	—
	疟疾	—	—
	合计	3	—
预防接种	种牛痘初	—	—
	种牛痘复	—	—

医务	类别	本月	上月
白喉	锡瓦氏试验第一次	—	—
	锡瓦氏试验第二次	—	—
	锡瓦氏试验第三次	—	—
	总计次数	—	—
	总计人数	—	—
化验室工作（瓦氏梅毒反应）	痰	—	—
	尿	—	—
	粪	21	21
	血液	2	—
	合计	58	42

报告者：史久清

《新青海》第四卷第三期，1936年3月，第56—58页。

青海省共和县兽疫之调查

一、引言

　　共和县位于西宁之西南，居青海东南隅，距省会二百四十里，东西长五百八十余里，南北宽一百七十余里。全县面积达二万四千余方里，总户仅四千二百七十余户，地广人稀，滩广草茂，清流灌过其间，为天然牧场，其他悉为蒙藏两族居住，以游牧为生，一仍上古时代。关于牲畜疫病，罔知预防，大批牲畜连年死亡，以之倾家者，时有所闻。以十五日行六百余里调查之结果，其调查开才等地十三处，牛一万八千九百七十五只，羊及山羊二十万八千九百只，马四千二百五十匹，骡及驴一千二百九十只，骆驼二百二十头。

二、兽疫之概念

　　牛之口蹄疫。牛之口蹄疫流行之区域有三处：一他买，二胡咖，三无极台。他买之牛畜概数约一百二十只，染病率为百分之六十，死亡率为百分之五。胡咖之牛畜概数为一千五百只，染病率为百分之四十，死亡率为百分之十。无极台之牛畜概数为二千四百只，染病率为百分之五十，死亡率为百分之二。

　　羊及山羊之口蹄疫。羊及山羊之口蹄疫流行极广，所至之处，均为传染区域，每有羊因口蹄疫而不能采食，亦有以口蹄疫而晚不能归宿，至跪行采食者触目皆是，总计患羊不下十二万余只，占总数百分之六十以上，死亡率百分之五十，数亦在六千余只。

　　羊痘。羊痘为害，频年屡发，其发病区域常限于一定地带，非若口蹄疫之广播，且仅发于仔羊。本年六月间，此疫会发生于新水滩地方，死亡羔羊约五百余只，死亡率百分之四十。此次所见者，为将愈羔羊二只，采取豆浆及痂数枚，并摄取照片二张。

三、本年春季发生疫病及死亡概数

羊钩虫症。今春三四月之交，干草怙竭，新草方生，羊多发下痢，仅就开才、他买、新水滩等处，损失约三千余只。据谓羊之便内有如线状、长约半寸许之白虫，经过七日至十五日则死。细询其解剖变状及经过，断定为钩虫症。

羊炭疽。羊炭疽发生于本年五月间，患病之羊，自病至死，未有过一日者，甚至数小时战栗而死。番民多以针刺羊脾，流黑血，或灌青盐、黄烟以治疗之，但鲜有愈者。其预防法，则羊病后，即驱逐水滩内，皮肉均弃置。无极台及胡咖两处损失约二十余只。

《新青海》第四卷第一、二期合刊，1936年2月，第86页。

甘坪寺一带兽疫之调查

一、引言

甘坪寺位于甘青边境，距甘肃夏河县（即拉卜楞）四十里，距青海同仁县七十里，距兰州四百四十里，下临甘家滩，滩广草茂，向为甘家族、仁爱族番民游牧之区，所产羊毛品质称最。前经委会农业处者查之结果，决于此地设立西北畜牧改良场，而以场长粟显倬董其事，今岁五月粟场长到兰，言及本年甘坪一带羊死枕藉，约偕往考查。于五月三十日，策马由兰启行，沿途访询外，曾在夏河县属之泽亲庄（夏河县东二十里）、洒金滩（夏河县北十五里）、甘家滩属之瓜什济（距甘坪三十里）等处，作详密之调查。于六月十八日返抵兰州，总计行程一千里，为时二十日。

此行目的厥为二端，第一西北畜牧改良场（以下简称畜牧场），为西北防疫处预定合作之机关，自应实地观光，以期对该场兽医部分贡献设施之意见。第二甘坪一带，为该处预定防治兽疫之实验区，自应实施视察，俾定实施防疫之计划。

因时间短促，不得不从多方面迅速考查，差幸见闻所及，已获深切之印象，逐项敷陈，有如次述：

二、牲畜疫病之实地检验

（一）羊病之检验

每年四五月间，枯草已腐，青草未生，天气变换，晴雪无常。羊在此时，照例发病，其初症为下痢，继则瘦削衰弱，平均四日至七日而毙，亦有延至十四日者。五月以后，青草既萌，病者渐稀，虽发下痢，死亡不多矣。统计往年羊只之死亡，多则达于百分之四十，少亦在百分之十以上，今年损失略如次表：

地名	羊只概数	死亡概数	平均死亡率
泽亲庄	2000余	300余	15%
洒金滩	40000余	4000余	10%
甘家滩	20000余	3000余	15%
瓜什济	40000余	5000余	12.5%
总计	102000余	12500余	13.1%

吾人达到时，大批死亡，已成过去，然而枯骨遍野，俯拾即是。为明了病性起见，一面采取枯骨，一面搜求病羊或死羊，施行剖检及检验，结果如次：

剖检病羊二只，生前极度衰弱，皮下浮肿，黏膜苍白，高度下痢，血液稀薄，凝固后，血清占三分之二。宰后除贫血外，别无异状，惟于大小肠内（大肠内较多）发现无数之钩虫（hookworm），小肠内发现绦虫（tapeworm），大肠壁无可见之变状，小肠壁有少数出血斑点，粪便镜检，发现钩虫之卵，血液染片检查阴性。

剖检死羊二只，亦见无数钩虫与少数绦虫，并见姜片虫（distoma）一枚，余与前同。

购健羊一只，将剖检之病羊血液试注皮下，结果阴性。

由泽亲庄等四处地方，拾取病羊枯骨十余枚，骨髓膜用盐水洗下，镜检不见病原菌，就羊及兔等动物试验无反应。

总上观察，本年甘坪一带羊之死亡，大部分可认为原于寄生虫，而天候之急变，饲料之缺乏，亦为重要之因素。据番民之意见，阴历九月间再生之短青草，羊食之翌年生虫，此说表明卵子之侵入，亦有是处。

（二）犬病之检验

自临夏县（唐汪川、锁南坝等处）以至夏河县二百余里之间，本年犬遭大厄，死亡不下千头。据称无疯狂等症状，往往前夕尚好，翌晨即毙。在夏河县曾取死犬一头，举行剖检，血液暗赤，不凝固，脾肿大，血液及脾脏染片，检查见有包膜之革兰氏阳性杆菌，其为炭疽，殆无疑义，至其来源或由他犬或由患炭疽之死羊。由此推论，本年之羊病未必全属寄生虫，但以未曾目击，难以臆断。

（三）牛病之检验

本年临夏夏河一带牛病不多，但前年及上前年曾流行（后详）。曾于甘家滩剖检死牛一头，不见特殊病变，镜检阴性，动物试验未作。

三、牲畜疫病及其防治法之访询

（一）牛疫

牛疫（rinderpest），番语称"Kor"，每数年一发，牛多发，羊亦有时发。前年及大前年临夏夏河一带，曾大流行，死亡率达患病百分之八十，症状如眼漏、鼻漏、下痢、衰弱、耳冷而垂、口腔烂斑不明，经过七日至十四日。

番民对牛疫无疗法，但有相当之预防法。每年春季，辄有所谓番医来自南番（地名昂雀乎，距夏河一百二十里云），携原料巡回牧地，为未曾免疫之牛施行灌血法，其法据闻如下：

最初猎取山中患牛疫之羚羊（antelope），取其血及肠管为原料，如能获得病羚羊之胎儿，即以胎儿全体作原料更佳。以此原料灌于健牛，经七日而发病，取其血液一盆，对于未免疫之牛，每头由鼻腔灌血一婉，如是七日发病。再取其血辗转灌注他牛，其结果大约有三：百分之五十发病后痊愈，获得终身免疫；百分之三十不发病或轻病而不免疫；百分之二十因发病而死亡。番医取灌血酬费，每犏牛一头一元至一元五；每牦牛一头五角至一元，如灌血而不发病或发病而死，则不取酬金。

牛之价值，依耐过牛疫与否而不同，免牛疫常较昂，交易时得寺僧为保证，如号称免疫牛而发牛疫，则可向原主索取赔偿。

（二）炭疽

炭疽（anthrax），番语称"Sa"，在羊屡发（去年曾发），牛马亦发，症状为战抖、腹胀、死甚速。"Sa"汉语为土，表示病原自土中来。番民传说"Sa"系一种动物，粗数寸，长尺许，色白藏土中，冬季遍地皆雪，惟"Sa"所在之地独无，应即覆以铜锅，外以铜棍划地作牢，举火围而烧之，则"Sa"死减。

番民对于炭疽之预防，于人或动物手足上所生炭疽病，围以丝线，俟稍愈割下，作疫苗接种于健番。炭疽病兽，必请曾经免疫之人剥取其皮蹄角等掩埋，九年之久，不许动触。对于炭疽之疗法，患畜不许饮水，否则必死，以长针穿刺脾脏，流出暗赤血少许，据称可减病势。番民惧谈炭疽，闻"Sa"则变色云。

（三）牛传染性肋膜肺炎

本病（pleuro-pneumonia），番语称"Lo"，即肺病之意。散发于牛，病初数日不咳，继则咳嗽，喜卧于斜地，头高而体低，诉苦痛，六七日或死或渐愈。剖检动物有变状，死亡率百分之八十。

番民疗法，给病畜食盐半碗或死或愈。预防法，采取山中五种野草，其一为加水煮一日，其次以匀搅拌一日，其次穿刺病牛之胸部，取肺液少许，混于前液中，每健牛使服混合液一食匙，一日不许饮水，毫无发病之征，而得确实之免疫。

（四）牛羊口蹄疫

口蹄疫（foot and mouth disease），番语称"Kaza"，即口蹄之意。病性不剧烈，番民无防治之法，惟对溃烂之蹄，用烟草汁分局部治疗辄愈。

（五）羊痘

羊痘（sheep-pox），番语称"Ma"，不一定每年发生，但一羊发病则全群感染。死亡率百分之三至十，番民无防治方法。

（六）疥癣

疥癣（scabies），番语称"Ringo"，羊常见，不关紧要，在马尤多，甚至毙死。前年曾大流行，番民苦之，有能治愈十马者，则以一马为酬。

（七）马鼻疽

马鼻疽（glanders）在番地之马不甚多见，此次考查仅于泽亲庄一匹，习惯疗法有三：服捣碎之蚯蚓；清水夜置院，经星光照射，天明服之；蚕豆粉撒布水面，自由饮之，恐无效果也。

（八）羊其他疾病

羊喉肿：呼吸困难，死极速，不过一日，一染病无幸存者，番语称"Wulva"，民国二十年曾发生，余时未多见。

羊头肿：余无异常，经过缓慢，结果死亡，番语称"Toowa"，寻常不多见，青海较多。

总上所闻，牛之疫病为牛疫、传染性肋膜肺炎、口蹄疫及炭疽，羊之疫病为炭疽、羊痘、口蹄疫、内寄生虫、疥癣、喉肿及头肿，马之疫病为炭疽、鼻疽及疥癣。除内寄生虫发于春季外，其余各病随时皆有发生之可能。至于详细之病情，损失之确数，自非长期实地调查，不能得其真相也。

《新青海》第四卷第一、二期合刊，1936年2月，第87-90页。

青海都兰县及拉慕寺一带之兽疫调查

一、都兰县及沿途兽疫调查

都兰县位青海之西部，距西宁七百四十里，东西一千三百余里，南北六百余里，全县户口九千余户。蒙藏杂居，汉回无几，地域辽阔，人烟极稀，多散处山野，但水草丰美，尤以海南北一带，牲畜繁多，兽疫亦时时发生。此次由共和县经撒加川至都兰，南至可可族，由海南返湟源，时计二十二日，行共二千余里，谨将调查所及，陈述于下：

（一）调查地点及牲畜概数

调查地点	牲畜概述				
	牛	羊及山羊	马	骆驼	骡及驴
撒加	1600	10000	200	450	—
可可族	800	21000	3601	800	320
都兰族	1500	16000	9002	500	410
撒撒香哈	700	8000	330	470	—
万印	1200	20000	850	—	210
觉古儿	4000	10000	600	—	510
哈度穷那	2500	21000	800	—	290
赛尔吉	6000	32000	2300	—	490
聂尔太瓦郎	1200	26000	400	—	250
乌赛	700	5600	200	—	170
总计	20200	169600	18283	2220	2650

（二）解剖炭疽死羊之经过

海南赛尔吉地方，自今年五月迄今，炭疽恶疾，时隐时现，未致大流行，但每家均有死亡，总计死者达一千五百余只，此次所解剖者，即患是疫而死者（藏民谓患"沙"）弃置山野。其剖检症状，血液凝固不良，呈黑赤色，脾不甚肿，微溃烂，皮下有浸润等变状，旋采取脾及血液少许，作涂片及培养，并由各地拾得死羊骨四枚，待诸细菌学之证明。

在同地，藏民谓三日前患炭疽牛死一头，据其报昔，谓血液不凝，脾烂已为人煮食，仅遗去皮之牛头一个，遂剖颅取脑髓少许。

（三）口蹄疫为害之概况

1.牛口蹄疫

牛口蹄疫本年流行甚广，藏民谓因天雨草湿之故，满山遍野，尽是跛足之牛，或卧伏采食，或晚不归宿，疫势之烈，可想而知。至单患口蹄疫者，以采食不能，瘦削而毙，总计患者约占百分之三十以上，死亡率为百分之一至三，死亡约五百余头。

2.羊口蹄疫

口蹄疫，即口疮蹄疮之意，流行较牛尤烈，但蹄疫较多，占总患者百分之四十，死亡较少。兼发口疫者占百分之五十，仅发口疫者占百分之十，已毙死羊常多合并症，死亡率百分之五，统计各地死亡在二千余只。

（四）牛传染性肋膜肺炎之发现

海南觉古儿一带，今年发生牛肺疫，患牛咳嗽，卧于斜坡上，采食依法减少，经十五日至二十日而死。此次所见者，为一初患牛，拍照片一张。

当地对于健牛及患牛之预防法，所用药为"老式紫"，其配法如下：

野兔肉一个（去骨皮），新出芽沙柳（昂布）一束，甘草一束，香柴、苏鲁一束，共煮于一锅内，经一夜，翌日以铜勺搅拌一日，俟冷后，再加病牛胸内贮液（即将牛捆帐房内，须不见天日，剖杀取其全胸水）即成。

用法：健牛或病牛须一昼夜，不准饮食，灌服一茶杯后，即至河滩饮水，如是凡三次，则健牛永不得是疫，而病牛可愈，但亦有死亡者。

（五）羊痘

羊痘，蒙名"Kodoui"，哈度穷那一带，自今年四月至七月，继续流行，死亡率仔羊为百分之九十，成羊仅百分之一二，该处由是疫而死达四百余只，兹发现将愈之成羊一只，采取痘痂数枚。

（六）过去发生疫病之种类及死亡概数

过去兽疫发生之繁且多，兹列表统计如下：

疫病名称	发生年限	死亡概数	死亡率	备考
牛疫	民国二十一、二十二、二十四年	7100	60%	据当地人谓所有牛畜死亡达三分之二
马鼻疽	民国十九年	210	95%	—
马炭疽	民国二十二年	51	70%	—
羊钩虫症	每年春发生	—	10%	—

尚有疥癣及羊壁虱子每年三四月间发生，死亡率亦甚多。

二、甘青边境拉慕寺一带兽疫之调查

拉慕寺位于甘肃之西南部，距临潭县二百九十里，距兰州八站，约七百八十里，东隔白龙江与四川为界，西阻大山与青海毗连，盖三省之交界处也。本年七月，该处传教士爱名时先生来谈，近年彼处牲畜时发传染病，因无法治疗，死亡甚多。本处特派员前往调查，于八月五日起程，过临洮、临潭计九日始达，该处气候较寒，然草生甚茂，颇适于牲畜之放牧，人民藏族最多，回汉民族极占少数。关于牲畜传染病，调查本年春季羊曾发炭疽病，死亡一千八百余，当地人民因食病羊肉而致炭疽病者共计十人，其中三人虽幸痊愈，但七人则因之致命焉；除炭疽外，尚有他种传染病常时发生。当派员抵此地，沿途目睹及经多方调查所得之疫病，亦复不少，今分条述之于后。

（一）沿途及拉慕寺目击之疫病

1.牛之口蹄疫

口蹄疫为牛羊易发之疫病，然死亡率不大，此行距临潭约九十里之车把沟地方，见有患口蹄之牛数百头，患畜口黏膜糜烂，生多数溃疡，食欲不振，蹄部亦生溃烂化脓。据查此病已流行十余日，因病重死者达四十余头，彼处藏民对于本病虽有疗法，然多不奏效，即本病之轻者，以人尿或干豆面洒于口腔及蹄之溃烂部，谓有时可愈。且牛与羊之口蹄疫稍异，牛若生口蹄疫，口腔及蹄皆生溃疡，故名之为蹄黄口疮，羊则仅蹄发病，故单名蹄黄，又谓牛之口蹄不传于羊。

2.疥癣

疥癣多生于马及羊，此次派员未经马群，故马之疥癣尚少发现，然羊之疥癣触目皆是，其甚者毛尽脱落，此病之死亡率虽小，然皮毛之损失甚大。藏民对于疥癣之疗法，多以烟草水涂于患部，颇具效力。

3.传染性肋膜肺炎

抵拉慕寺时，正值此病发生，得见十余头，症候显著，大抵皆体温上升，约三十九度，以上脉搏频数，食欲不振，泌乳减少，时发咳嗽，且呼吸困难，而有鼻漏，亦有胸部及腹部发生浮肿者。藏民对此病无特殊疗法，仅以甘草冰糖及本地野产之一种红叶草共同煮之，以其汁灌与病牛，谓于病牛之初期，颇为有效。因该地军事吃紧，二日即去，未能久留。据土人谈，本病死后剖检肺脏，确有病变，肺与胸壁之病变有时或可治愈，本病肺部之病变，若由肺之尖端向气管部蔓延者，则无治愈之希望；反之，若由气管向肺泡处蔓延者，则可痊愈云云。

4.肝蛭虫

拉慕寺一带之羊，时因寄生虫而发病，解剖死羊一只，发现多数之住肝蛭虫。据本地人云，此虫时时发见于死羊之肝内，彼名肉蛾，无相当疗法。

5.牛之颚凹淋巴腺肿胀

拉慕寺萨赤一带之牛，时有颚凹淋巴腺发生显著之肿胀，初为硬固，继则柔软。此病虽可传染，然不若炭疽等之速，且死亡率亦小，约百分之五。抵此地时，见牛四头，同时发病，患畜体温上升，颚凹淋巴腺肿大，呼吸困难，其一匹经藏民兽医以针刺破，见有多量之黄色液体流出，亦曾用注射器吸取其液，实行培养，仅发现葡萄状化脓球菌。据本地人云，此地每年均有发生，若病初实行穿刺，放出液体则可痊愈。

（二）一般疫病之访问

1.牛疫

牛疫，藏人名之为"Kol"，汉人名黑病，本病距拉慕寺周围一二百里之地，时有发生。据几母苍地方（距拉慕寺一百五十里）土司云，彼处今年五月间，曾有此病流行，死牛一万余头，患畜传染甚速，六七日即死。最初患畜精神不振，体温上升，食欲废绝，至六七日每发下痢而毙，亦有发病三日，不发下痢而死者。死后剖解，肠管发炎，患畜若不发痢，仅粪中带血者，则死亡较迟，且有痊愈之望，若发水状下痢，即不出一二日即死。故藏民对于此病，多无疗法，仅禁止患畜饮食。其预防方法，乃以病牛之血洒于草上，使黄羊（野生）食之，然后猎取黄羊，若此黄羊已发病，则可以此羊之血灌于其他健牛，此牛经数日而发病，然后以此牛之血辗转灌注健牛，大半发病亦较轻，或有终身免疫，但因病重而死者约百分之二十，其不发病亦有百分之二十。

2.炭疽

今年拉慕寺一带，羊因患炭疽病，死亡约一千八百余头。路把寺（距临潭二十里）去年三月，羊因此病死亡一千余头。患畜发病一二日即死，死后多自天然孔流出黄色液体或黑血，剖检脾皆肿大，且腹有多量黑色液体。藏民对于本病之疗法，即于病初以套管针，自羊肋下斜刺入腹腔内而穿刺脾脏，若有黑色液体流出，则有痊愈之希望。

3.羊痘

海甸霞村及西沟二地，羊于春夏二季最易发生痘疮，且传染甚为普通，死亡率百分之二十至三十，此痘多生于头部、眼及口腔之周围，四肢之内，面亦生之。

（三）牲畜概数之调查

地名	牛	羊	马	备考
海甸霞村	1000	500	120	属临潭县距临洮九十里
西沟	500	800	60	属临潭县距临潭六十里
临潭	1500	2000	450	距皋兰四百九十里
路把寺	400	750	80	属临潭距县城十五里
莫儿沟	7000	20000	300	距临潭五十里
车把沟	10000	15000	1000	距临潭九十里
拉慕寺	8000	25000	400	距临潭二百九十里
高尔地	50000	80000	3500	拉慕寺南一站
几母苍	34000	60000	3000	拉慕寺西南一百五十里

（四）关系方面之接洽

此次派员赴拉慕寺之目的，除调查牲畜疫病之情形外，尚须联络该地寺院之首领，以为将来防疫上之援助。该处共有二寺院，一名萨赤，一名哥尔地。前者位于白龙江北岸属甘肃，后者位于白龙江南岸属四川，萨赤寺共有喇嘛四百余人，该寺之主持名单方爽地，经与接洽颇受欢迎，并愿协助吾等工作，彼管辖回汉民数十家，帐篷藏民约三百余家，土房藏民约一百余家。哥尔地寺较萨赤寺大，共有喇嘛七百余人，该寺之翁布名司德尔（藏语称主持为翁布），派员曾往访，亦表示协助并随时报告兽疫，彼管辖回汉族四十余家，帐篷藏民约五百余家，土房藏民约百余家。以上二寺所辖之人民虽不多，然与其相邻土司皆有联络，且各土司之行动，皆以此二寺之马首是瞻，故吾人有与联络之必要也。

《新青海》第四卷第一、二期合刊，1936年2月，第91—95页。

青海兽疫调查

一、都兰县及沿途兽疫调查

都兰县位青海之西部，距西宁七百四十里，都兰县境内，东西一千三百余里，南北六百余里，全县户口九千余户。蒙藏杂居，汉回无几，地域辽阔，人烟极稀，多散处山野，但水草丰美，尤以海南北一带，牲畜繁多，兽疫亦时时发生。此次调查由共和县经撒加山至都兰，南至可可族，由海南返湟源，时计二十二日，行共二千余里，兹将调查所及，述之如下：

（一）调查地点及牲畜概况

撒加共有牛一千六百，羊及山羊一万，马二百，骆驼四百五十。

可可族共有牛八百，羊及山羊二万一千，马三百六十，骆驼一千八百，骡及驴三百二十。

都兰寺共有牛一千五百，羊及山羊一万六千，马九百，骆驼二千五百，骡及驴四百一十。

撒撒香哈共有牛七百，羊及山羊八千，马三百三十，骆驼四百七十。

万印共有牛一千二百，羊及山羊二万，马八百五十，骡及驴二百一十。

觉古儿共有牛四千，羊及山羊一万，马六百，骡及驴五百一十。

哈度穷那共有牛二千五百，羊及山羊二万一千，马八百，骡及驴二百九十。

赛尔吉共有牛六千，羊及山羊三万二千，马二千三百，骡及驴四百八十。

聂尔太瓦郎共有牛一千二百，羊及山羊二万六千，马四百，骡及驴一百七十。

以上各处总计共有牛二万零二百头，羊及山羊十六万九千六百腔，马二万八千九百四十匹，骆驼五千二百二十只，骡及驴二千六百四十蹄。

（二）解剖炭疽死羊之经过

海南赛尔吉地方，自民国二十四年五月至九月间，炭疽恶疫，时隐时现，虽未致大流行，但每家均有死亡，总计死亡者，达一千五百余只。此次所解剖者，即患此疫而死者，弃置山野，其剖检症状，血液凝固不良，呈黑赤色，脾不甚肿，微溃烂，皮下有浸润等变状，旋采取脾及血液少许，作采法及培养，并由各地拾得死羊骨四枚，待诸细菌学之证明。

（三）口蹄疫为害之一般

1.牛口蹄疫

牛口蹄疫民国二十四年度流行甚广，藏民谓因天雨草湿之故，故满山遍野，尽跛足之牛，或卧伏采食，或晚不归宿，疫势之烈，可想而知。至单患口疫者，以采食不能，瘦削而毙，总计患者，约占百分之三十以上，死亡率为百分之一至三，死亡约五百余头。

2.羊口蹄疫

口蹄疫即口疮蹄疮之意，流行较牛尤烈，但蹄疫较多，占总患者百分之四十；死亡较少，兼发口疫者占百分之五十，仅发口疫者占百分之十。其死亡之羊常多合并症，死亡率百分之五，统计各地死亡在二千余只。

（四）牛传染性肋膜炎之发现

海南觉古儿一带，今年发生牛肺炎，患牛咳嗽，卧于斜坡上采食，依次减少，经十五日至二十日而死，此次所见者，为一初患牛拍照一张。

（五）羊痘

羊痘，哈度穷那一带，自民国二十四年四月至七月，继续流行，死亡率仔羊为百分之九十，成羊为百分之十二，因是疫而死者达四百余只。

（六）过去发生疫病之种类及死亡概数

牛疫于民国二十一、二十二、二十四年间均有发现，共死亡七千一百头，死亡率为百分之六十。

马鼻疽发生于民国十九年，共死亡二百一十头，死亡率百分之九十。

马炭疽发生于民国二十二年，共死亡五十头，死亡率百分之七十。

羊钩虫症，每年春发生，死亡率为百分之十。

此外尚有疥癣及壁虱每年三、四月间发生，死亡亦甚多。

二、大通门源互助及甘肃黄城一带兽疫调查

大通互助两县，多为土人居住，向事农耕，兼饲少数牲畜，专供田间驱使。而沿达坂山附近，则仍有不少牛羊，游牧其间。大通县面积，约五千六百余方里。互助县较大，约一万三千二百余方里，地势多山，人烟较密。门源北以甘肃为界，东西长五百三十余里，南北八十余里，面积为四万三千余方里，县城东部农耕，西北部纯为游牧区。黄城距门源二百里许，有一古城，为甘肃之永昌武威二县辖域，域之附近，丘坡相接，宛如一大滩，故统名曰黄河滩，广约一千五百余方里；此地所有牧户，概为大通互助等县之富户，雇用贫苦开化藏民代牧于此，名曰坐圈，共约三百余家，此种牧区，牧草昌茂，清流极多。大通河纵贯门源全境，久为蒙藏民族之牧场，牲畜繁多。且此地藏民，多稔知汉语，文化稍开。惜天气过冷，七月即降雪，九月则薄冰冻结，草亦干焦，积雪盈寸余。统上各县之种族，有汉回蒙藏及土人五种，人口两万余户，调查费三周时间，行六百余里路程，兹将见闻所及，录之如下：

（一）调查地点及牲畜概数

1.大通县

新城共有牛一千一百，羊六千，马三百一十，骡及驴八百。

上胡度鲁村共有牛一百二十，羊五百，马七十，骡及驴一百五十。

下旧庄共有牛一百三十，羊三百，马四百四十，骡及驴八十。

衙门庄共有牛一千一百九十，羊八千三百，马五百九十，骡及驴一千三百一十。

三角城共有牛一千二百五十，羊五千六百，马二百，骡及驴三百。

以上各地共计牛三千八百八十头，羊二万零七百腔，马一千二百一十匹，骡及驴二千五百四十蹄。

2.门源县

大泉共有牛三千五百，羊一万八千，马一百一十，骡及驴一百。

老虎沟共有牛六百，羊五千，马一百二十。

石嘴子共有牛一千三百，羊一万九千，马三百二十，骡及驴八十，猪五十。

大滩共有牛一千一百五十，羊六千，马二百五十，骡及驴九十，猪六十五。

以上各地统计牛六千五百五十头，羊四万八千腔，马九百匹，骡及驴二百七十蹄，猪一百一十八只。

3.互助县

唐巴庄共有牛四百五十，羊一千二百，马一百八十，骡及驴二百一十，猪一百一十。

华林庄共有牛二百，羊八百，马七十五，骡及驴一百二十，猪五十。

新田庄共有牛二百，羊三百，马一百五十，骡及驴二百，猪七十。

东关酒店共有猪二千一百。

以上各地总计牛八百五十头，羊二千三百腔，马四百零五匹，骡及驴五百三十蹄，猪二千三百二十只。

4.黄城滩

黄城滩上牧畜，完全为附近各县牧养，共有三百余家。总牧畜概数，统计牛三万余头，羊五十四万余腔，马八千余匹。其牧夫畜主均系汉回及开化藏民，划为防疫实验区，自属适宜。

（二）牛口蹄疫之流行

大通互助两县，牛畜不多，未见发生，沿达坂山之三角城一带，正在流行，门源黄城牧区内，流行之烈。患牛唇黏膜舌，初起为水泡，终则溃烂，疼痛烦躁，采食困难，蹄隙亦溃烂排肿，蹄冠肿胀，显高度跛行，牛渐消瘦衰弱，经十五日而死，平均患者为百分之八十，死亡率达百分之一至三。土人之治疗法，对于蹄部，将牛系于清水中，经数次可痊。对口黏膜，则以大黄豆粉末撒烂而上，以为可以治愈。此外羊及山羊之口蹄疫，其流行区域与牛相同，但较牛为烈，病状经过，亦与牛略似，而死亡率较大，为百分之三至五，多不施治，纯听自然耳。

（三）牛喉肿

牛喉肿当地人谓之（嗓黄），为该地定型流行病，民国二十四年七月一度流行。此次调查，仅发现一头，其病状为喉部，急性肿胀，流涎呻吟喘息，体温四十度，脉搏八十次。据谓经二日至四日而死，拟购买作病体解剖，索价极高，仅以注射器取肿部液少许，作培养试验。

（四）豚传染病

互助东关外，有酒店八家养豚二千余只，九月二十六日是午，应天泰合酒店之邀，前往检查，正值一豚将死，兹将生前解剖症况，述之如下：

生前症状：患豚病后，采食废绝，嘶鸣，喉部肿，体温四十一度，下腹部红斑，压之褪色，结膜充血。

解剖症状：血色呈暗赤色，血清甚少，脾微肿，左肺尖部有掌大，肝部变黑紫色，喉部有浆液浸润，小肠有轻炎症，颈及腹下有红斑（去毛益显明），爰取肺肝变部、脾、肝、血、肠等材料，以供细菌学检查。

经过：普通患豚染病二日即毙，死亡率为百分之九十。民国二十四年，八家酒店共死三千余只云。

（五）马鼻疽

门源济军粮局养马二十二匹，民国二十四年九月间前往检查患鼻症者四匹，疑鼻疽五匹，余均施马来因药点眼睛测试，当即指示其隔离，或扑杀消毒等法。

（六）过去疫病之询问

1.牛疫

牛疫于民国十一、十五、二十一年等均大流行，每次仅就门源县附近而论，死亡达三千余头，牦牛及犏牛死亡率为百分之九十，黄牛为百分之六十。

2.羊炭疽

羊炭疽每年必发，以民国五年为最多，死约万余头，死亡羊为百分之六十至八十。

3.羊痘

羊痘恶疫为羊羔常罹之恶病也，每年春四五月必发之症，死亡率为百分之三十，每年平均损失千余只之多。

（七）寄生虫病为害之概况

1.羊钩虫

此症于民国二十四年春曾大流行，其症状为下痢，有时虫体随便排出体外，患羊渐瘦削，贫血经半月而毙，黄城滩一处死亡约三万余只。

2.羊疥癣及羊虱

此种疾病每年必发生，疥癣死亡极少，而羊虱死亡率甚多，推其原因，率由羊于冬季无草，故极消瘦，体质虚弱所致。

3.羊肝蛭症

当地人谓之羊肝被虫噬，肝呈溃烂，羊贫血，渐瘦削，经月而死。

三、贵德县同仁县和日族之兽疫调查

贵德县位于西宁之南，县治距省会二百二十里，城临河滩，气候较暖，城周三十里内，悉为农耕区域，兼饲少许牲畜，专供田役，汉回蒙藏杂处。南过多拉山，则尽为藏民牧地，帐房罗列，牧畜繁多，重要牧地，有沙沟、鲁仓、完受、郭莽养、主吉录等处。和日族距贵德县城南三百六十里，距鲁仓一百四十里，属于同仁县管辖，而位于西部，是族甚大，有帐房千余。再西南四十余里，则为同德县属之完加百户，约有帐房一百五十余座。

（一）调查地点及牲畜概数

沙沟共有牛二百五十，羊一千八百，马一百一十。

鲁仓共有牛七万，羊四十万五千，马一千五百。

完受共有牛一万九千，羊七万，马六千。

郭莽养共有牛九千，羊三万，马二千。

主吉录共有牛一万五千，羊四万，马三万一千一百。

（以上各地均属贵德县）

和日族共有牛二万五千，羊十五万。（属同仁县）

完加百户共有牛五千，羊十一万八千。（属同德县）

以上各地总计牛十四万三千二百五十头，羊七十二万四千八百腔，马二万六千三百一十匹。

（二）兽疫之实况

民国二十四年六月至十月，青海各地之牲畜患口蹄疫者几遍，贵德同仁两县亦然，惟调查时此病已成过去，所见者为在恢复期之少数牛羊。统计本年染是疫者，达百分之六十以上，死亡率仅在百分之三，足见属于良性型也。

（三）过去之兽疫

1.牛疫

于民国二十及二十二年大流行，病势至烈，死亡率为百分之八十，共死三万一千余头。民国二十四年鲁仓滩曾一度发生，未致蔓延，不久消灭，据该千户报告，损失达一百五十余头云。

2.羊炭疽

于民国十八年及二十三年在鲁仓、完加曾酿巨害，但其流行范围不若牛疫之广，死亡率甚大，达百分之八十以上。民国二十四年五月，鲁仓、和日二处亦曾发生，兹将各处死亡概数及时期录之如下：

沙沟于民国二十三年，死亡一千二百腔。鲁仓于民国十八年死亡八千腔，民国二十四年死亡一万五千腔。和日于民国二十四年死亡一百七十腔。完加于民国二十三年死亡一万腔。完受于民国二十一年死亡九万五千腔。

3.羊痘

以贵德和日两县而论，每年平均约损失三千余腔。民国二十四年三月间，仅和日一族已死亡三千余腔。

（四）寄生虫病

羊钩虫症，常在春初草发芽之际发生，症状为下痢、贫血，渐次消瘦，经月而毙，每年必发。民国二十四年春尤烈，死亡率达百分之三十至四十。统计今年死亡概数，鲁仓三万余只，完受八千余只，和日五千余只。其他如羊之疥癣及羊虱亦于每年十二月至一、二月间合并发生，死亡率不定。

（以上兽疫调查报告系根据青海省卫生实验处民国二十四年九、十、十一月工作月报汇编者）

《新青海》第四卷第七期，1936年7月，第88-92页。

后 记

　　《重返乡土：〈新青海〉月刊社会调查集》是《家国共情：〈新青海〉月刊文艺作品集》的姊妹篇。这两本资料集对《新青海》月刊中的文艺作品和社会调查做了进一步的搜集整理及校勘研究。

　　《新青海》月刊是青海知识分子创办报刊中时间较长、质量最优、内容全面、影响较大的一本期刊。关于《新青海》月刊的研究，与之相关的研究论文十篇：赵小花的《浅观〈新青海〉》（《传播与版权》2014年第4期），崔耀鹏的《〈新青海〉与青海青年抗日救国》（《青海省社会科学》2016年第6期），芈一之的《不应被遗忘的〈新青海〉月刊》（《青藏高原论坛》2020年第1期），杨建新的《迎着暴风雨飞翔的海燕——赞〈新青海〉月刊》（《青藏高原论坛》2020年第1期），杨文炯、刘洋的《〈新青海〉历史文本的解读——一扇洞见近现代西北区域史的橱窗》（《青海社会科学》2020年第2期），杨文炯的《边疆人的边疆话语——〈《新青海》校勘影印全本〉的"边疆学"价值》（《中国边疆史地研究》2020年第2期），黄维忠的《〈新青海〉与藏学研究》（《青海民族研究》2020年第3期），骆桂花、马文利的《历史文本与记忆：〈《新青海》校勘影印全本〉史料价值、特色及其他》（《青藏高原论坛》2020年第1期），骆桂花、姚鹏的《历史与实践：论〈新青海〉月刊与"新青海精神"》（《中国藏学》2020年第4期），狄新昊的《二十世纪三十年代知识分子的青海垦荒经济建设研究——以〈新青海〉为例》（《广西质量监督导报》2021年第3期）。与之相关的评介文章两篇，姚鹏的《民国时期青海历史的珍贵史料——骆桂花主编〈《新青海》校勘影印全本〉评介》（《青海民族研究》2020年第1期），姚鹏的《〈《新青海》校勘影印全本〉评介》（《青海社会科学》2020年第2期）。硕士研究论文四篇：赵翔宇的《教育、国民与国家——以〈新青海〉月刊乡村小学教育言论为例》（中央民族大学硕士论文2012年），陈辉的《一扇观察近代青海社会的"窗"——〈新青海〉期刊研究》（青海师范大学硕士论文2014年），傅圣凯的《〈新青海〉杂志视域下的青海青年状况研究》（青海师范大学硕士论文2020年），许鸿儒《〈新青海〉杂志视域下近代青海教育状况研究（1932—1937）》（青海师范大学硕士论文2022年）。通过研究梳理可知，这两本姊妹篇资料集正好可以弥补《新青海》月刊在文艺作品及社会调查方面研究的不足。

我曾经有一个设想，给几位熟悉的老师也提及过，出版"新青海研究丛书"，第一本为《〈新青海〉研究论文集》（或名为《文本·记忆·实践：〈新青海〉期刊研究》），以上面的研究文章为主。第二本为《民国青海文学作品汇编》（今定名为《家国共情：〈新青海〉月刊文艺作品集》）。第三本为《"田野"的历史：〈新青海〉期刊社会调查汇编》（今定名为《重返乡土：〈新青海〉月刊社会调查集》）。第二本和第三本资料集从选题申报到出版经费的筹措都非常曲折，但总算可以出版，感到一丝欣慰。第四本为《民国青海民族志》（或《民国青海各民族交往交流交融史》），在杨老师的指导下希望我们能够尽早完成，也是后期努力的方向之一。

一本学术成果能够顺利出版，得益于各方的努力。由于两本书同时出版，在这里就不一一致谢，感谢在学习生活中给予鼓励和支持的领导、老师、亲人、挚友，正是在你们的督促下我感觉到自己在不断进步。感谢兰州大学出版社王曦莹编辑为此书的出版所付出的诸多努力，没有出版社的支持和编辑的辛勤劳动，这本书不知何时能够以精美的样态面世。

最后，还需要特别感谢我的家人，我取得的任何小成果，都离不开你们默默无私的付出，爱人樊燕玲女士一直是我最强大的精神支撑，女儿姚小美是我快乐的源泉，一路走来虽有很多艰辛，但我们将继续努力，希望能将生活变得稍微美好，所有的成果送给你们！

学术的呈现，终是要进行学术思想的对话与交流，书稿整理与校勘中的疏漏和错误在所难免，恳望专家学者批评指正。

姚　鹏

2023 年 7 月 21 日写于西宁城东陋室

2024 年 4 月 12 日修改于中国人民大学静园